Thomas Dippel begann seine Kochlehre im damaligen 3-Sterne-Restaurant von Heinz Winkler und führte sie im „Jägerhof" in Bernau weiter. Nach erfolgreicher Ausbildung ging er ins Ausland. Stationen waren unter anderem das 5-Sterne-Hotel „Kempinski" in Marbella (Spanien), ein weiteres 5-Sterne-Hotel in der Schweiz und die „Residence de la Pinéde" in St. Tropez (ein Michelin-Stern). Anschließend führte ihn seine Reise von Neuseeland über Australien auf private Luxusjachten, wo er drei Jahre für die Reichen und Schönen kochte.

Nach zehn Jahren zog es ihn wieder zurück nach Deutschland, wo er eine Weiterbildung zum Hotelbetriebswirt in Heidelberg und eine zusätzliche Ausbildung zum Sommelier absolvierte. Ab 2015 war er in Hamburg selbstständig als Privatkoch tätig und betrieb nebenbei seinen Youtube-Kanal „Thomas kocht", dem er sich seit 2020 hauptberuflich und sehr erfolgreich widmet: Rund 500.000 Zuschauer begeistert er dort mit seinen Videos.

Thomas Dippel

EINFACH VEGETARISCH

Kreative, schnelle Rezepte für Genießer

Food-Fotografie Hubertus Schüler

Kohlrouladen in Tomatensud

Kartoffel-Brokkoli-Auflauf

Linsen-Kürbis-Curry

Zucchini-Tomaten-Pfanne

Zwiebelkuchen

Spinatknödel mit Nussbutter

Pizza bianca mit Ricottacreme

Shakshuka

Gefüllte Süßkartoffeln Tex-Mex-Style

INHALT

VEGGIE-GENUSS MIT KNIFF

Herzlich willkommen zu „Einfach vegetarisch", meinem Buch für alle, die meine Leidenschaft für köstliche fleischlose Gerichte teilen. Und zu einer schier endlosen Entdeckungsreise mit fantastischer Abwechslung und neuen Geschmacksexplosionen.

In einer Welt, in der die Auswahl an Lebensmitteln so vielfältig ist wie nie zuvor, bin ich davon überzeugt, dass man wieder einen Schritt zurückgehen sollte, um sich auf die einfachen Dinge zu besinnen – wie die vegetarische Küche.

Was mich persönlich an ihr fasziniert, ist ihre unglaubliche Fülle an Genüssen und Möglichkeiten und die nahezu unendliche Entdeckungsreise, auf die man mit ihr gehen kann. Sie fordert unsere Kreativität heraus und ermutigt uns, neue Geschmacksrichtungen und Kombinationen auszuprobieren. Mein eigener Speiseplan hat sich durch die vegetarische Küche jedenfalls enorm erweitert. Denn das Kochen mit Gemüse bedeutet keinesfalls Verzicht, sondern ist im Gegenteil eine außerordentliche Bereicherung für den Alltag.

Ganz egal, ob du ein erfahrener Hobbykoch bist oder das Kochen gerade erst für dich entdeckst, ob du dich vegetarisch ernährst, dich „nur" für vegetarische oder vegane Optionen interessierst oder einfach Lust auf mehr Gemüse und gesünderen Genuss hast: „Einfach vegetarisch" ist für dich gemacht. In diesem Buch verzichte ich bewusst auf industriell hergestellte Fleischersatzprodukte aus dem Supermarkt. Stattdessen geht es um die Freude am Kochen mit frischem Gemüse, einfachen Zutaten und unkomplizierten Zubereitungsmethoden. Als Proteinquelle kommen beispielsweise sehr häufig Hülsenfrüchte zum Einsatz, doch auch Tofu wird auf verschiedenste Weise in leckeren Gerichten verarbeitet.

In „Einfach vegetarisch" teile ich mit dir meine Liebe zur vegetarischen Küche, verrate dir unzählige Tipps und Profi-Tricks für eine Gelinggarantie der Rezepte und lade dich ein, mit mir die Freude am Kochen zu entdecken. Also lass uns gemeinsam die Welt der Aromen erkunden, neue Rezepte ausprobieren und auf kulinarische Entdeckungsreise gehen! Ich wünsche dir viel Spaß beim Ausprobieren und Entdecken. Und vor allem: Guten Appetit!

Dein Thomas Dippel

Thomas Dippel

EINFACH SCHNELL GEMACHT

Manchmal muss es einfach schnell gehen, trotzdem muss man nicht auf gutes Essen verzichten. Also Hände weg von der Tiefkühlpizza! Mit diesen Rezepten steht das Essen mit wenig Aufwand in etwa 20 Minuten auf dem Tisch. Schnell und lecker.

ZUCCHINI-TOMATEN-PFANNE MIT KICHERERBSEN AUF TOFUCREME

Dieses Pfannengericht schmeckt superlecker, ist schnell zubereitet und reich an Protein. Unbedingt ausprobieren! Die Tofucreme lässt sich auch perfekt mit anderen Gerichten wie geschmortem Weißkohl (siehe Seite 144) oder glasierten Karotten (siehe Seite 143) kombinieren.

Zubereitungszeit 20 Minuten

Für 2 Personen

Für das Pfannengemüse

1 Zucchini
1 rote Zwiebel
15–20 Kirschtomaten (225–300 g)
2 Knoblauchzehen
2 Zweige Thymian
2 EL Olivenöl zum Braten plus 1–2 EL Olivenöl zum Beträufeln (nach Belieben)
Salz
schwarzer Pfeffer aus der Mühle
1 Dose Kichererbsen (240 g Abtropfgewicht)
1 TL Tomatenmark

Für die Tofucreme

200 g fester Tofu Natur
2 EL Tahin (Sesammus)
Saft von ½ Zitrone
Salz
schwarzer Pfeffer aus der Mühle

Für das Pfannengemüse die **Zucchini** waschen, putzen, längs vierteln und grob in etwa walnussgroße Stücke schneiden. **Zwiebel** schälen und in nicht zu feine Streifen schneiden. **Tomaten** waschen und halbieren. **Knoblauchzehen** schälen, eine Zehe grob klein schneiden, die andere halbieren (wird für den Tofu gebraucht). **Thymian** abbrausen und trocken schütteln. • Eine Pfanne erhitzen, **Olivenöl** hineingeben, Zucchini und Zwiebeln dazugeben und so lange anbraten, bis die Zucchini-Stücke etwas Farbe bekommen. Tomaten, grob zerkleinerten sowie halbierten Knoblauch hinzufügen und mit **Salz** und **Pfeffer** würzen. • **Kichererbsen** in ein Sieb abgießen, abbrausen, mit Thymianzweigen, **Tomatenmark** und 30–50 ml Wasser in die Pfanne geben, umrühren und so lange köcheln, bis das Wasser verdampft ist. • Inzwischen für die Tofucreme den **Tofu** in ein Mixgefäß bröseln. **Tahin, Zitronensaft,** halbierte Knoblauchzehe aus der Pfanne sowie etwas **Salz** und **Pfeffer** dazugeben und mit dem Stabmixer zu einer glatten Masse mixen. Dabei nach und nach etwa 50 ml Wasser dazugeben, bis eine cremige Konsistenz erreicht ist. • Tofucreme auf zwei Tellern kreisrund glatt verstreichen, das Pfannengemüse darauf verteilen, nach Belieben etwas **Olivenöl** darüberträufeln – und dann nur noch genießen.

Nährwerte pro Portion: 390 kcal – F 14 g, KH 29 g, B 13 g, EW 27 g

PROFI-TRICK

Wenn man viele Kirschtomaten auf einmal schneiden möchte, kann das auch schnell gehen: ein Brettchen oder einen flachen Teller auf die Tomaten legen und diesen mit der Hand so halten, dass man mit dem Messer vorsichtig quer durch sie hindurchschneiden kann.

vegan, laktosefrei, glutenfrei, frei von raffiniertem Zucker

GNOCCHI MIT SPINAT, TOMATEN UND NUSSBUTTER

Man muss nicht immer alles selbst machen: Ich greife hier auf fertige Gnocchi zurück und bekomme ein herrlich einfaches und trotzdem leckeres Essen.

Zubereitungszeit 20 Minuten

Für 2 Personen

1 Zwiebel
1 Knoblauchzehe
200 g Babyspinat
1 reife Tomate
Salz
500 g Gnocchi (Fertigprodukt)
50 g Butter
schwarzer Pfeffer aus der Mühle
ca. 20 g Parmesan

Für die Gnocchi reichlich Wasser in einem großen Topf zum Kochen bringen. • Inzwischen die **Zwiebel** schälen und in feine Würfel schneiden. **Knoblauchzehe** schälen und klein hacken. **Spinat** waschen und trocken schleudern. • **Tomate** waschen, den Stielansatz entfernen, die Haut kreuzweise einritzen und Tomate in das sprudelnd kochende Gnocchi-Wasser geben. Nach etwa 10 Sekunden herausnehmen, mit kaltem Wasser abschrecken und die Haut abziehen. Tomate vierteln, entkernen und in kleine Würfel schneiden. • Das kochende Wasser gut **salzen, Gnocchi** hineingeben, auf niedrige Hitze stellen und nur noch ziehen lassen. • Eine Pfanne erhitzen und die Hälfte der **Butter** darin zerlassen. Zwiebeln und Knoblauch darin weich dünsten, dann den Spinat dazugeben, mit **Salz** und **Pfeffer** würzen und 1-2 Minuten durchrühren, bis der Spinat zusammengefallen ist. Die Tomatenwürfel dazugeben und nur kurz warm werden lassen. Auf zwei vorgewärmte Teller verteilen. • Restliche **Butter** in der gleichen Pfanne so lange erhitzen, bis sie schäumt und sich braun am Pfannenboden absetzt. Dann die Gnocchi abgießen, sofort dazugeben und 1-2 Minuten durchschwenken. Auf dem Spinat verteilen, **Parmesan** darüberreiben und direkt genießen.

Nährwerte pro Portion: 673 kcal - F 26 g, KH 89 g, B 3 g, EW 16 g

TIPP

Die Tomatenkerne und Reste vom Kerngehäuse nicht wegwerfen, sondern für Suppen oder Tomatensauce einfrieren. Wenn du fertige Nussbutter (siehe Seite 161) im Kühlschrank hast, dann verwende diese im letzten Schritt.

SCHNELLE ZUCCHINI-PFANNE

Diese Zucchini-Pfanne ist sehr schnell und einfach gemacht und schmeckt unglaublich gut. Am besten passt dazu ein schönes Baguette. Aber auch Reis oder Kartoffeln machen sich gut. Wenig Aufwand für viel Geschmack!

Zubereitungszeit
15–20 Minuten

Für 2 Personen

2 Zucchini
1 Knoblauchzehe
10 Kirschtomaten (ca. 150 g)
2–3 EL Olivenöl plus etwas gutes Olivenöl zum Beträufeln
Salz
schwarzer Pfeffer aus der Mühle
1 TL getrockneter Oregano
200 g Schafskäse (z. B. Feta; 45 % Fett)
einige Basilikumblätter zum Garnieren
1 knuspriges Baguette

Den Backofen bei zugeschalteter Grillfunktion auf höchster Stufe vorheizen. • **Zucchini** waschen, längs halbieren und schräg in 5–10 mm dicke Scheiben schneiden. **Knoblauchzehe** schälen und mit der Messerklinge andrücken. **Tomaten** waschen und halbieren. • Eine ofenfeste Pfanne erhitzen, **Olivenöl** hineingeben, die Zucchini darin anbraten und den Knoblauch dazugeben. Sobald er leicht gebräunt ist, entfernen, da er sonst bitter wird. Wenn die Zucchini-Stücke Farbe angenommen haben, die Tomaten zugeben und etwa 1 Minute mitbraten. Mit **Salz, Pfeffer** und **Oregano** würzen, dabei bedenken, dass der Schafskäse später auch noch Salzigkeit mitbringt. Vom Herd nehmen. • **Schafskäse** mit kaltem Wasser abwaschen, mit einem Küchentuch trocken tupfen und grob über die Zucchini-Mischung bröseln. Die Pfanne in den vorgeheizten Ofen direkt unter den Grill stellen und so lange überbacken, bis der Käse gebräunt ist. Das sollte nicht länger als 2 Minuten dauern. • In der Zwischenzeit **Basilikum** abbrausen und trocken tupfen. Das **Baguette** in Scheiben schneiden. • Die Pfanne aus dem Ofen nehmen, noch einen Schuss **Olivenöl** über das Gericht geben, etwas **Pfeffer** darübermahlen, mit Basilikum garnieren und mit Baguette servieren.

Nährwerte pro Portion: 742 kcal – F 34 g, KH 77 g, B 7 g, EW 31 g

TIPP

WICHTIG Die Pfanne muss natürlich für den Einsatz im Ofen geeignet sein. Alternativ die Zucchini-Mischung in eine Auflaufform füllen und unter den Grill stellen.

ROTES THAI-CURRY MIT TOFU UND GEMÜSE

Ich liebe gutes, authentisches Thai-Curry. Es bringt so viele frische und intensive Aromen mit, dass es einfach süchtig macht. Um ein ordentliches Curry zu kochen, kommst du um den Ausflug in einen Asia-Laden nicht herum. Aber es lohnt sich allemal und du wirst überrascht sein, wie schnell und einfach so ein Curry zubereitet ist.

Zubereitungszeit 25 Minuten

Für 2 Personen

120 g Jasminreis
200 g fester Tofu Natur (oder Tofu Natur medium)
150 g Bambussprossen aus der Dose
je ½ rote und grüne Paprika
1 Dose Kokosmilch (400 ml)
1-2 EL vegane rote Thai-Currypaste
2 Limettenblätter
2 EL No-Fish-Sauce (nach Bedarf etwas mehr)
Salz
1-2 TL Palmzucker oder weißer Zucker
1 Bund Thai-Basilikum
1-2 EL Limettensaft

Den **Reis,** wie im Rezept auf Seite 160 angegeben, mit 210 ml Wasser ohne Salz garen. • Inzwischen den **Tofu** grob in Würfel schneiden. **Bambussprossen** kurz abwaschen und in Streifen schneiden. **Paprika** waschen, entkernen und in Streifen oder Rauten schneiden. • Die **Kokosmilchdose** gut schütteln, öffnen und etwa 100 ml Kokosmilch in einen Topf geben. Auf höchster Stufe so lange einkochen, bis sich das Fett von der Kokosmilch trennt. Die **Currypaste** dazugeben und unter Rühren kurz anbraten. Dann die restliche Kokosmilch angießen. • Tofu, Bambussprossen, Paprika und **Limettenblätter** einrühren und mit **No-Fish-Sauce, Salz** und 1 TL **Zucker** abschmecken (bei Medium-Tofu vorsichtig rühren, damit er nicht zerfällt). Auf niedrigste Hitze schalten und so lange leicht köcheln lassen, bis die Paprika weich sind. • Inzwischen das **Thai-Basilikum** abbrausen, trocken schütteln und die Blätter abzupfen. • Kurz vor Garzeitende das Thai-Basilikum zum Curry geben und mit **Limettensaft** abschmecken. Nach Geschmack mit **No-Fish-Sauce, Salz** und **Zucker** nachwürzen. • Das Thai-Curry in zwei Schalen geben. Den Reis in zwei separaten Schalen dazu servieren und den Ausflug nach Thailand genießen.

Nährwerte pro Portion: 780 kcal - F 46 g, KH 61 g, B 1 g, EW 25 g

THAI-BASILIKUM

Thai-Basilikum ist sehr aromatisch und hat eine pfeffrige und anis- oder lakritzartige Note, deshalb sollte es nicht durch das hier übliche Basilikum ersetzt werden. Im Asia-Laden findet man Thai-Basilikum eigentlich immer.

TIPP

Manchmal kommt es vor, dass sich das Fett der Kokosmilch oben in der Dose und das Wasser unten sammelt. Du kannst die Currypaste zunächst nur mit dem abgesetzten Fett anbraten und erst anschließend das restliche Kokoswasser hinzugeben.

vegan, laktosefrei

SCHNELLE PASTA MIT GRÜNEM SPARGEL

Ich liebe einfache, leckere Pastagerichte! So auch dieses. Es kommt mit sehr wenigen Zutaten aus, ist sehr schnell und unkompliziert zuzubereiten und schmeckt wirklich richtig gut.

Zubereitungszeit 15 Minuten

Für 2 Personen

250 g grüner Spargel
Salz
250 g Tagliatelle
(oder andere Pasta)
15 Kirschtomaten (ca. 220 g)
40 g Parmesan
1-2 EL Nussbutter
(siehe Seite 161; alternativ Olivenöl zum Braten)
schwarzer Pfeffer aus der Mühle
3-4 Stängel Basilikum

Reichlich Wasser in einem Topf zum Kochen bringen. • **Spargel** waschen, die Enden nur knapp abschneiden und eventuell das untere Drittel schälen (bei frisch geerntetem Spargel nicht nötig). Die Spargelspitzen abschneiden und nach Belieben längs halbieren, die Stangen schräg in dünne Scheiben schneiden. • Das Nudelwasser gut **salzen,** die **Tagliatelle** hineingeben und nach Packungsangaben al dente kochen. • Inzwischen die **Tomaten** waschen und halbieren. Den **Parmesan** mit einem Sparschäler hobeln. • **Nussbutter** in einer Pfanne erhitzen und den Spargel darin scharf anbraten. Dann die Tomaten dazugeben, mit **Salz** und **Pfeffer** würzen und 1 weitere Minute braten. Mit einer halben Kelle Nudelwasser ablöschen und beiseitestellen, bis die Nudeln gar sind. • In der Zwischenzeit das **Basilikum** abbrausen, trocken schütteln und die Blätter abzupfen. • Die Tagliatelle in ein Sieb abgießen und direkt in die Pfanne geben. Basilikum dazugeben und alles kurz durchmischen. Nach Belieben noch mit etwas **Salz** und **Pfeffer** abschmecken. • Sofort in zwei tiefe Teller geben, mit dem gehobelten Parmesan bestreuen und servieren.

Nährwerte pro Portion: 627 kcal - F 15 g, KH 95 g, B 3 g, EW 25 g

PROFI-TRICK

Eine Sache, die ich in meiner Zeit im Ausland (in Italien) gelernt habe: Die Aromen des Basilikums intensivieren sich, wenn man die Kräuter zwischen die Hände legt und kräftig in die Hände klatscht. Probiere es aus!

RISOTTO MIT SPINAT UND FETA

Ein gutes Risotto zu kochen, ist viel einfacher, als viele Menschen glauben. Mit ein paar guten Grundzutaten lässt sich in kurzer Zeit ein fantastisches Ergebnis erzielen.

Zubereitungszeit
15-20 Minuten
plus 15-20 Minuten Garzeit

Für 2 Personen

1 Zwiebel
2 Knoblauchzehen
100 g Babyspinat oder junger Spinat
ca. 700 ml Gemüsebrühe (siehe Seite 160; alternativ gekaufte Gemüsebrühe)
50-60 g Butter
1 EL Olivenöl
200 g Risottoreis (z. B. Arborio)
150 ml Weißwein
1 Msp. abgeriebene Biozitronenschale
Salz
schwarzer Pfeffer aus der Mühle
40 g Parmesan
80 g Feta (45 % Fett)

Zwiebel schälen und in feine Würfel schneiden. **Knoblauchzehen** schälen und hacken. **Spinat** waschen, trocken schleudern und beiseitestellen. • **Gemüsebrühe** in einem Topf erhitzen. • In einem zweiten Topf 20 g **Butter** und **Olivenöl** erhitzen, Zwiebeln und Knoblauch darin anschwitzen. Wenn die Zwiebeln glasig sind, den **Reis** hinzugeben und unter ständigem Rühren 1-2 Minuten anbraten. Er soll aber keine Farbe annehmen. • Mit **Weißwein** ablöschen und vollständig einkochen lassen. Dann so viel heiße Brühe hinzugießen, dass der Reis gerade bedeckt ist. **Zitronenabrieb** mit etwas **Salz** und **Pfeffer** einrühren; dabei bedenken, dass der Käse noch Salzigkeit mitbringt. • Den Deckel auflegen und das Risotto bei mittlerer Hitze langsam köcheln lassen. Sobald die Brühe verkocht ist, immer wieder kellenweise nachgießen und gelegentlich umrühren. Wenn der Reis gar ist, den Spinat dazugeben und nur kurz miterhitzen. • Inzwischen den **Parmesan** fein reiben. • Das Risotto vom Herd nehmen. Parmesan und restliche **Butter** einrühren und gegebenenfalls noch mal mit **Salz** und **Pfeffer** abschmecken. Das Risotto sollte jetzt schön cremig sein. • Auf zwei tiefe Teller verteilen, den **Feta** darüberbröseln und sofort servieren.

Nährwerte pro Portion: 995 kcal – F 49 g, KH 95 g, B 4 g, EW 26 g

TIPP

Damit der Reis nicht verkocht und im Kern al dente bleibt, sollte er 1-2 Minuten, bevor Wein hinzugegeben wird, in der Pfanne mitgebraten werden. Damit es richtig toll wird, immer nur heiße Brühe hinzufügen, damit der Garvorgang nicht gestoppt und das Risotto schön cremig wird.

glutenfrei, frei von raffiniertem Zucker

TÜRKISCHE GRÜNE BOHNEN MIT JOGHURT

Türkische grüne Bohnen sind sehr simpel zuzubereiten. Geschmacklich sind sie genial. Außerdem ist das ein perfektes Essen für den Sommer. Ausprobieren lohnt sich!

Zubereitungszeit 15 Minuten plus ca. 15 Minuten Garzeit

Für 2 Personen als Beilage (oder für 1 Person als Hauptgericht)

Für die Bohnen

1 Zwiebel
1 Knoblauchzehe
2 Tomaten
300 g breite grüne Bohnen
3 EL Olivenöl
1 TL edelsüßes Paprikapulver
1 EL Tomatenmark
1 EL Paprikamark (nach Belieben; gibt es im türkischen Laden)
Salz
schwarzer Pfeffer aus der Mühle

Zum Servieren

¼ Fladenbrot
100 g Joghurt Natur (3,5 % Fett)
etwas Schwarzkümmel zum Garnieren (nach Belieben)

Für die Bohnen die **Zwiebel** schälen und fein würfeln. **Knoblauchzehe** schälen und hacken. **Tomaten** waschen, die Stielansätze entfernen und die Tomaten grob in Würfel schneiden. **Bohnen** waschen, die Enden abschneiden und Bohnen diagonal in 4–5 cm lange Stücke schneiden. • Eine Pfanne erhitzen, das **Olivenöl** hineingeben, Zwiebeln und Knoblauch darin bei mittlerer Hitze anschwitzen, bis die Zwiebeln glasig sind. **Paprikapulver, Tomaten-** und **Paprikamark** sowie Tomaten hinzugeben, die Hitze erhöhen, alles gut verrühren und mit **Salz** und **Pfeffer** würzen. • Bohnen hinzufügen, 100–150 ml Wasser angießen, den Deckel auflegen und etwa 15 Minuten köcheln lassen, bis die Bohnen weich sind. Bei Bedarf noch etwas Wasser nachgießen. • Zum Servieren das **Fladenbrot** in Stücke schneiden. Die Bohnen auf zwei Teller geben und mit **Joghurt** und Fladenbrot servieren. Wer möchte, streut etwas **Schwarzkümmel** auf den Joghurt. Guten Appetit!

Nährwerte pro Portion: 387 kcal – F 19 g, KH 36 g, B 5 g, EW 11 g

TIPP

Nicht zu viel Wasser dazugeben! Lieber im Nachgang noch etwas hinzufügen, sonst kann die Sauce zu dünn werden.

CHANA MASALA

Indisches Chana Masala ist ein Kichererbsencurry, zu dem traditionell frittiertes Brot (Bhatura) oder selbst gebackenes Fladenbrot gereicht wird. Ich stelle dir hier meine Version des Gerichts vor, die praktischerweise auch noch schnell gemacht ist, denn ich ersetze das indische Brot durch Weizentortillas.

Zubereitungszeit 30 Minuten

Für 2 Personen

1 rote Zwiebel
1-2 Knoblauchzehen
2-3-cm-Stück Ingwer
1 kleine rote Chili
2 Tomaten
1-2 EL Öl zum Braten (z. B. Rapsöl oder Kokosöl; alternativ geklärte Butter, siehe Seite 161)
½ TL gemahlene Kurkuma
½ TL gemahlener Kreuzkümmel (Cumin)
½ TL gemahlener Koriander
1 TL Garam Masala
1 EL Tomatenmark
2 Dosen Kichererbsen (à 240 g Abtropfgewicht)
Salz
schwarzer Pfeffer aus der Mühle
4 Weizentortillas (Ø 20 cm, à 45 g; Fertigprodukt)
1 Limette
1-2 Stängel Koriander

Zwiebel und **Knoblauchzehe(n)** schälen, grob klein schneiden, in einem Multizerkleinerer grob pürieren und in eine Schale geben. **Ingwer** schälen und fein reiben. **Chili** waschen, nach Belieben entkernen und klein schneiden. • **Tomaten** waschen, die Stielansätze entfernen, Tomaten grob klein schneiden und im Multizerkleinerer fein pürieren. • Eine Pfanne erhitzen und **Öl** hineingießen. Zwiebel-Knoblauch-Püree, Ingwer und Chili darin 2-3 Minuten farblos anbraten. **Gewürze** darüberstreuen und so lange mit erhitzen, bis es schön aromatisch duftet - das dauert 1-2 Minuten. • Mit den pürierten Tomaten ablöschen und **Tomatenmark** einrühren. **Kichererbsen** in ein Sieb abgießen, abbrausen und mit 200 ml Wasser dazugeben. Mit **Salz** und **Pfeffer** würzen und abgedeckt 5-10 Minuten leicht köcheln lassen, dabei nach Bedarf zwischendurch etwas Wasser nachgießen. • Inzwischen die **Weizentortillas** nacheinander in einer Grillpfanne (alternativ eine normale Pfanne) ohne Öl von beiden Seiten anrösten, bis die Grilllinien zu erkennen sind. Tortillas übereinander auf einen Teller geben und mit einem Küchentuch abdecken, damit sie warm bleiben. • **Limette** auspressen. **Koriander** abbrausen, trocken schütteln und die Blätter abzupfen. • Chana Masala vom Herd nehmen, wenn die Kichererbsen schön weich sind und die Sauce eingekocht ist. Mit Limettensaft abschmecken, auf zwei Teller verteilen und mit Koriander garnieren. Dazu das „Brot" reichen.

Nährwerte pro Portion: 670 kcal - F 15 g, KH 92 g, B 19 g, EW 28 g

PROFI-TRICK

Wenn du die Limette vor dem Anschneiden kräftig mit viel Druck über einen Tisch rollst, lässt sie sich leichter auspressen.

vegan, laktosefrei, frei von raffiniertem Zucker

GEBRATENER BROKKOLI MIT KICHERERBSEN UND TAHIN-JOGHURT

Ich liebe Brokkoli in allen möglichen Varianten. Besonders gern mag ich ihn gebraten und mit Röstaromen. Dazu wie hier erfrischenden Joghurt mit etwas Tahin – perfekt!

Zubereitungszeit 25 Minuten

Für 2 Personen

Für die Ofenkichererbsen

1 Dose Kichererbsen (240 g Abtropfgewicht)
4 EL Olivenöl
1 TL edelsüßes Paprikapulver
¼ TL Knoblauchpulver
½ TL gemahlener Kreuzkümmel (Cumin)
½ TL gemahlener Koriander
Salz
schwarzer Pfeffer aus der Mühle

Für den Brokkoli

1 großer Brokkoli
Salz
1 Knoblauchzehe
2 EL Olivenöl
schwarzer Pfeffer aus der Mühle

Für den Dip

200 g Joghurt Natur (3,5 % Fett)
1 EL Tahin (Sesammus)
Saft von ½ Zitrone
Salz
schwarzer Pfeffer aus der Mühle

Den Backofen auf 180 °C Umluft vorheizen. • Für die Ofenkichererbsen die **Kichererbsen** in ein Sieb abgießen, abbrausen, kurz abtropfen lassen und in eine Schüssel geben. **Olivenöl, Gewürze** sowie etwas **Salz** und **Pfeffer** hinzufügen, vermischen, auf ein mit Backpapier ausgelegtes Backblech geben und im vorgeheizten Ofen auf der mittleren Schiene etwa 15 Minuten backen. • Inzwischen für den Brokkoli reichlich Wasser in einem Topf zum Kochen bringen. **Brokkoli** waschen, die Röschen abtrennen und halbieren. Den dicken Stiel schälen und klein schneiden. Das kochende Wasser gut **salzen,** die Brokkolistücke hineingeben und maximal 1 Minute garen. In ein Sieb abgießen, sofort mit kaltem Wasser abschrecken und gut abtropfen lassen. • **Knoblauchzehe** schälen und in feine Scheiben schneiden. Eine Pfanne erhitzen, **Olivenöl** zugießen, die halbierten Brokkoliröschen mit den Schnittflächen nach unten sowie die Stielstücke hineingeben und gut anbraten. Nicht zu viel bewegen, damit der Brokkoli auch Farbe bekommt. Mit **Salz** und **Pfeffer** würzen und den Knoblauch kurz mitbraten. • In der Zwischenzeit für den Dip **Joghurt, Tahin** und **Zitronensaft** in eine Schüssel geben und vermischen. Mit **Salz** und **Pfeffer** abschmecken. • Den Dip auf zwei Tellern kreisrund verstreichen, den Brokkoli darauf anrichten und die Ofenkichererbsen darüberstreuen. Eventuelles Öl auf dem Blech darüberträufeln. Guten Appetit!

Nährwerte pro Portion: 652 kcal - F 42 g, KH 34 g, B 17 g, EW 25 g

TIPP

Den Stiel des Brokkolis kann man wunderbar mitessen. Einfach schälen und im Gericht verwenden. Wenn Brokkoli zu lange hoher Hitze ausgesetzt wird, verliert das Gemüse an Farbe. Die Lösung dafür ist eine kurze Garzeit und das Abschrecken in kaltem Wasser.

glutenfrei, frei von raffiniertem Zucker

PASTA MIT PESTO ALLA TRAPANESE

Pesto alla trapanese, auch Pesto alla siciliana genannt, hat seinen Namen von Trapani, einer Stadt im Westen Siziliens. Von dieser Art Pesto hatte ich bis vor Kurzem noch nie gehört. Durch Zufall habe ich ein Rezept gesehen und gleich ausprobiert. Es ist mir ein Rätsel, warum dieses Pastagericht nicht viel bekannter ist, denn es schmeckt richtig gut und ist extrem schnell zubereitet.

Zubereitungszeit
ca. 15 Minuten

Für 2 Personen

Für die Pasta

Salz
250 g Pasta nach Wahl

Für das Pesto

ca. 20 geschälte (blanchierte) Mandelkerne
8–10 Kirschtomaten (120–150 g; alternativ 1–2 normale Tomaten, dann am besten entkernt und gehäutet)
1–2 Knoblauchzehen (oder 2–3 Zehen Knoblauch-Confit, siehe Seite 159)
20–30 g Pecorino
10 Basilikumblätter
4 EL Olivenöl
Salz
schwarzer Pfeffer aus der Mühle

Für die Pasta reichlich Wasser in einem Topf zum Kochen bringen, gut **salzen,** die **Pasta** hineingeben und nach Packungsangaben al dente kochen. • Währenddessen für das Pesto die **Mandeln** in einer Pfanne ohne Fett anrösten. Wenn sie leicht geröstet sind, direkt in den Standmixer geben. • **Kirschtomaten** waschen. **Knoblauchzehe(n)** schälen (oder confierten Knoblauch verwenden). **Pecorino** reiben und 1 EL davon zum Garnieren beiseitestellen. **Basilikumblätter** abbrausen, trocken tupfen und einige davon ebenfalls beiseitestellen. Restlichen Pecorino und Basilikum mit Tomaten, Knoblauch, **Olivenöl** sowie etwas **Salz** und **Pfeffer** zu den Mandeln in den Mixer geben und kurz mixen. Das Pesto sollte noch leicht stückig sein. (Alternativ den Stabmixer verwenden.) • Die Pasta in ein Sieb abgießen, dabei etwas Nudelwasser auffangen, zurück in den Topf geben, das Pesto darübergeben und gut vermischen. Bei Bedarf einen Schuss Nudelwasser hinzugeben. • Die Pasta auf zwei tiefe Teller verteilen, mit beiseitegestelltem Pecorino bestreuen und mit Basilikum garnieren. Wer möchte, kann noch etwas **Pfeffer** frisch darübermahlen. Guten Appetit!

Nährwerte pro Portion: 743 kcal – F 31 g, KH 93 g, B 1 g, EW 22 g

TIPP

Das Pesto wird geschmacklich milder, wenn man Knoblauch-Confit (siehe Seite 159) verwendet. Pesto alla trapanese wird traditionell im Mörser zubereitet. Damit werden die Zutaten grob vermischt und die Qualität der Zutaten lässt sich noch besser herausschmecken.

laktosefrei, frei von raffiniertem Zucker

ORZO-RISOTTO MIT KICHERERBSEN UND KIRSCHTOMATEN

Orzo sind Nudeln aus Hartweizengrieß, die wie Reiskörner aussehen. In der griechischen Küche kennt man sie auch als Kritharaki oder in der türkischen als Arpa şehriye. Manchmal findet man sie unter dem Namen „Risoni". Wenn du sie im Supermarkt nicht bekommst, wirst du wahrscheinlich im türkischen Laden fündig.

Zubereitungszeit
15-20 Minuten

Für 2 Personen

1 Zwiebel
1 Knoblauchzehe
2-3 EL Olivenöl
150 g Orzo
ca. 450 ml Gemüsebrühe
(siehe Seite 160; alternativ gekaufte Gemüsebrühe)
Salz
schwarzer Pfeffer aus der Mühle
1 Dose Kichererbsen
(240 g Abtropfgewicht)
10 Kirschtomaten (ca. 150 g)
40 g Parmesan
1 EL Mascarpone (80 % Fett)
einige Basilikumblätter

Zwiebel schälen und in kleine Würfel schneiden. **Knoblauchzehe** schälen und hacken. • 2 EL **Olivenöl** in einem Topf oder einer Pfanne erhitzen. Zwiebeln und Knoblauch hineingeben und glasig anschwitzen. **Orzo-Pasta** hinzufügen und 1 Minute bei mittlerer Hitze mit anschwitzen, bei Bedarf noch etwas **Öl** nachgießen. Etwa 400 ml **Gemüsebrühe** angießen und mit **Salz** und **Pfeffer** würzen. • **Kichererbsen** in ein Sieb abgießen, abbrausen, kurz abtropfen lassen, mit zur Orzo-Pasta geben und 7–10 Minuten langsam köcheln lassen, dabei ab und zu rühren, so wird die Pasta cremiger, und nach Bedarf die restliche **Brühe** hinzugeben. • Inzwischen die **Kirschtomaten** waschen, halbieren und die letzten 5 Minuten mit zum Orzo-Risotto geben. • Den **Parmesan** reiben. Wenn die Pasta weich ist, vom Herd nehmen und den **Mascarpone** mit 30 g Parmesan unterheben. • Auf zwei Teller geben, mit restlichem Parmesan bestreuen, mit **Basilikum** garnieren und servieren.

Nährwerte pro Portion: 757 kcal - F 30 g, KH 85 g, B 9 g, EW 29 g

TIPP

Anstelle von frischem Knoblauch kann wunderbar Knoblauch-Confit (siehe Seite 159) verwendet werden.

PENNE MIT GEBRATENER AUBERGINE UND TOMATENSAUCE

Das Rezept ist von der klassischen Pasta alla Norma inspiriert, einem köstlichen Gericht aus Sizilien. An sich ist es schnell gemacht, allerdings brauchen die Auberginen Zeit zum Ziehen. Aber das Warten lohnt sich, denn das Gericht ist unglaublich gut.

Zubereitungszeit 25 Minuten plus 30 Minuten Ruhezeit

Für 2 Personen

1 Aubergine
Salz
1 Knoblauchzehe
6 EL Olivenöl
1 kleine getrocknete Chili oder Chiliflocken nach Geschmack
1 Dose gute stückige oder pürierte Tomaten (400 g)
schwarzer Pfeffer aus der Mühle
1 EL eingelegte Kapern, abgetropft (nach Belieben)
250 g Penne
3–4 Stängel glatte Petersilie
30 g Ricotta salata (salziger Ricotta) oder Parmesan

RICOTTA SALATA ist gesalzener, gereifter Ricotta, der recht fest und damit reibfähig ist. Er wird aus der Molke von Schafsmilch hergestellt und gehört zur traditionellen sizilianischen Küche. Er ist nicht immer einfach zu bekommen, im italienischen Fachgeschäft wird man aber fündig. Ansonsten ist Parmesan eine gute Alternative.

Aubergine waschen, putzen, längs in 1 cm dicke Scheiben schneiden, gut von beiden Seiten **salzen,** auf ein Backblech oder einen großen Teller geben und 30 Minuten ziehen lassen. • **Knoblauchzehe** schälen, fein hacken, mit 1 EL **Olivenöl** in einen Topf geben und goldgelb anbraten. Dann **Chili** und **Tomaten** dazugeben, mit **Salz** und **Pfeffer** würzen und 5–10 Minuten leicht köcheln lassen. Zum Schluss nach Belieben die **Kapern** einrühren. • Inzwischen die Auberginenscheiben kurz mit kaltem Wasser abwaschen, gut mit Küchenpapier trocken tupfen und in etwa 1 cm große Würfel schneiden. Eine Pfanne erhitzen, restliches **Olivenöl** hineingeben und die Auberginenwürfel darin bei nicht zu starker Hitze von beiden Seiten gut anbraten – das dauert 5–10 Minuten. • Währenddessen reichlich Wasser in einem Topf zum Kochen bringen, gut **salzen** (10 g Salz pro Liter als Richtwert), **Penne** hineingeben und nach Packungsangaben al dente kochen. • Wenn die Auberginen leicht gebräunt sind, die Tomatensauce dazugeben. **Petersilie** waschen, trocken schütteln, die Blätter klein schneiden und ebenfalls einrühren. • Die Penne abgießen, sofort zur Saucenmischung geben und vermengen. • Auf zwei tiefe Teller verteilen, **Ricotta salata** darüberreiben und genießen.

Nährwerte pro Portion: 818 kcal – F 34 g, KH 104 g, B 11 g, EW 21 g

TIPP

Auberginen haben einen hohen Wasseranteil. Deswegen ein kleiner, aber einfacher Tipp von mir: Bevor die Aubergine der Hitze ausgesetzt wird, diese in etwa 1 cm dicke Scheiben schneiden und von beiden Seiten salzen. Dadurch wird der Aubergine Wasser entzogen und sie lässt sich besser anbraten und braucht weniger Öl. Vergiss nur nicht, das Salz anschließend wieder von der Aubergine zu entfernen.

SPAGHETTI CARBONARA MIT RÄUCHERTOFU UND AUSTERNPILZEN

Carbonara ist prinzipiell ein einfaches Essen mit wenigen Zutaten. Der ansonsten übliche Speck wird hier durch Räuchertofu ersetzt. Nimm für dieses Rezept unbedingt frisch geriebenen Parmesan – eigentlich genau wie für alle anderen Rezepte auch. Wenn du meiner Anleitung folgst, dann wird dich diese Pasta aus den Socken hauen.

Zubereitungszeit 25 Minuten

Für 2 Personen

200 g Räuchertofu
1 Knoblauchzehe
100 g Austernpilze (oder Champignons)
2 Eier (Größe M)
40–50 g Parmesan (oder Pecorino)
schwarzer Pfeffer aus der Mühle
Salz
250 g Spaghetti
2 EL Olivenöl
1 EL dunkle Misopaste
2–3 Stängel glatte Petersilie

TIPP

Die Kunst der perfekten Carbonara liegt in ihrer Cremigkeit. Deshalb solltest du, sobald du merkst, dass die Sauce beginnt zu stocken, die Pfanne von der Hitze nehmen, kurz abkühlen lassen und wieder aufstellen, bis die perfekte Cremigkeit erreicht ist. Und wichtig: Rühren, rühren, rühren!

Reichlich Wasser in einem Topf zum Kochen bringen. • Inzwischen den **Tofu** mit einem Küchentuch trocken pressen und in kleine Würfel schneiden. **Knoblauchzehe** schälen und mit der Messerklinge andrücken. **Austernpilze** säubern und in 5 mm breite Streifen schneiden. • **Eier** in eine Schüssel geben. **Parmesan** reiben, etwas davon zum Bestreuen beiseitestellen und den Rest zu den Eiern geben. Mit **Pfeffer** und wenig **Salz** würzen und mit einer Gabel verquirlen. Noch besser wird es, wenn man die Masse kurz mit einem Stabmixer durchmixt. • Das Nudelwasser gut **salzen** (Richtwert 10 g Salz pro Liter Wasser) und die **Spaghetti** darin nach Packungsangaben al dente kochen. • Parallel dazu eine ausreichend große Pfanne erhitzen, 1 EL **Olivenöl** hineingeben und die Tofuwürfel mit dem Knoblauch darin 3–4 Minuten schön knusprig anbraten. Herausnehmen, restliches **Olivenöl** in die Pfanne geben und die Pilze darin anbraten. Mit **Pfeffer** würzen. Die **Misopaste** hinzufügen, mit einer halben Kelle Nudelwasser ablöschen und verrühren. Die Pfanne vom Herd nehmen und beiseitestellen. • In die Ei-Käse-Mischung ebenfalls eine halbe Kelle Nudelwasser geben und schnell verrühren. • Spaghetti in ein Sieb abgießen, direkt in die Pfanne geben, durchschwenken und etwa 2 Minuten etwas abkühlen lassen. • Inzwischen die **Petersilie** abbrausen, trocken schütteln und die Blätter hacken. • Den Tofu zurück in die Pfanne geben (Knoblauch vorher entfernen), die Ei-Käse-Mischung darübergießen und alles schnell durchmischen. Sollte die Sauce noch zu dünnflüssig sein, die Pfanne noch mal kurz auf die heiße (ausgeschaltete) Herdplatte stellen und unter ständigem Rühren noch etwas eindicken. Aber Vorsicht, sie wird sonst schnell zu Rührei. • Petersilie unterheben, die Spaghetti carbonara auf zwei vorgewärmte tiefe Teller geben und mit beiseitegestelltem Parmesan bestreut servieren. Guten Appetit!

Nährwerte pro Portion: 879 kcal – F 25 g, KH 94 g, B 9 g, EW 51 g

laktosefrei, frei von raffiniertem Zucker

THAI-OMELETT MIT PRIK NAM PLA UND JASMINREIS

Ein Thai-Omelett war mir kein Begriff, bis ich als Koch auf privaten Jachten für einen Thailänder gekocht habe. Zum Glück hatte ich damals noch eine thailändische Köchin an der Seite, die mich in die Rezepte einweisen konnte. Seitdem liebe ich dieses supereinfache Essen. Prik Nam Pla (Prik bedeutet „Chili" und Nam Pla „Fischsauce") ist in Thailand übrigens eine Standardsauce, die zu sehr vielen Gerichten gereicht wird.

Zubereitungszeit 25 Minuten

Für 2 Personen

Für den Reis

120 g Jasminreis
Salz

Für die Sauce

1 Knoblauchzehe
1 rote Thai-Chili (oder andere scharfe rote Chili)
1 ½ EL Limettensaft
2 EL No-Fish-Sauce
ca. ½ TL Zucker
1 Prise Salz

Für das Omelett

6 Eier (Größe M)
1 TL vegetarische Austernsauce
2 EL Sojasauce
ca. 5 EL Pflanzenöl

Den **Reis,** wie im Rezept auf Seite 160 angegeben, mit 210 ml Wasser und nur sehr wenig oder gar keinem **Salz** garen. • Inzwischen für die Sauce die **Knoblauchzehe** schälen und in feine Scheiben schneiden. **Chili** waschen und mit Kernen in feine Ringe schneiden. Beides mit **Limettensaft** und **No-Fish-Sauce** in eine Schale geben, **Zucker** mit dem **Salz** einrühren und auflösen. Die Sauce soll leicht salzig schmecken, mit dem Reis passt das dann perfekt. • Für das Omelett die **Eier** mit **Austern-** und **Sojasauce** in eine Schüssel geben und mit einer Gabel verquirlen. Eine beschichtete Pfanne (Ø 26–28 cm) erhitzen und so viel **Pflanzenöl** hineingeben, dass der Boden gut bedeckt ist (1–2 mm hoch), denn ein Thai-Omelett wird eher frittiert. • Die Eiermasse in das heiße Öl gießen. Das Omelett wird wie ein Soufflé etwas aufpuffen, am Anfang kann man noch mit einem Holzlöffel einige Löcher in den Boden des Omeletts stechen, damit rohes Ei auch stockt. Wenn das Omelett schon etwas fest ist, wenden (Vorsicht vor Ölspritzern!), dabei nach Belieben vorher halbieren oder vierteln, um es einfacher zu machen. Dann nur noch ganz kurz braten, sofort mit dem gegarten Reis auf zwei Tellern anrichten und servieren. Die Sauce am besten separat dazu reichen.

Nährwerte pro Portion: 456 kcal – F 25 g, KH 49 g, B 0 g, EW 6 g

TIPP

Wenn du die Sauce etwas milder möchtest, solltest du die Chilisamen entfernen und die Chiliringe etwa 10 Minuten in Wasser legen. Das Ganze schmeckt noch besser, wenn du ein bisschen Koriander hinzugibst – ich liebe es! No-Fish-Sauce und vegetarische Austernsauce gibt es in gut sortierten Supermärkten, in Drogerien und im Asia-Laden. Für eine vegane Variante lassen sie sich super durch Sojasauce ersetzen.

laktosefrei

TAGLIATELLE IN SALBEIBUTTER

Nudeln mit Salbeibutter sind das perfekte Gericht, wenn es schnell gehen soll oder nicht viel im Kühlschrank ist – wenige Zutaten, aber viel Geschmack. Das Besondere an dem Gericht ist die Butter, die man bewusst braun werden lässt und dadurch Nussbutter erhält. Wenn du Nussbutter als Vorrat da hast, dann nimm gleich diese.

Zubereitungszeit 15 Minuten

Für 2 Personen

Salz
250–300 g Tagliatelle (oder andere Pasta)
50 g Parmesan
5 frische Salbeiblätter plus einige zum Garnieren
40 g Butter (oder fertige Nussbutter, siehe Seite 161)
schwarzer Pfeffer aus der Mühle

Reichlich Wasser in einem Topf zum Kochen bringen. Dann gut **salzen, Tagliatelle** hineingeben und nach Packungsangaben al dente kochen. • Inzwischen den **Parmesan** fein reiben. **Salbeiblätter** abbrausen, trocken tupfen und in dünne Streifen schneiden. Eine Pfanne erhitzen, **Butter** hineingeben und aufschäumen lassen. Salbei hinzufügen und leicht anbraten. Wenn die Butter leicht braun geworden ist, mit etwas Nudelwasser ablöschen. • Tagliatelle in ein Sieb abgießen, dabei etwas Nudelwasser auffangen, und gleich in die Pfanne geben. Etwas vom Parmesan beiseitestellen, den Rest über die Nudeln streuen, mit **Pfeffer** würzen und durchmischen. Falls die Pasta zu trocken sein sollte, noch etwas Nudelwasser unterheben. • Auf zwei tiefe Teller verteilen, mit Salbeibutter beträufeln, mit beiseitegestelltem Parmesan bestreuen und schmecken lassen.

Nährwerte pro Portion: 685 kcal – F 26 g, KH 89 g, B 0 g, EW 23 g

TIPP

Schon mal Pasta selbst gemacht? Das macht richtig Spaß und ein bisschen stolz und schmeckt einfach noch viel besser. Die Garzeiten sind sehr kurz, nur etwa 1–2 Minuten. Probiere es aus!

EINFACH AUS EINEM TOPF

Viel Freude am Kochen und möglichst wenig Abwasch danach: Bei diesen Gerichten bündeln sich die Geschmäcker in nur einem Topf oder einer Pfanne. Einfach ideal, wenn man den Abend entspannt genießen möchte.

HERZHAFTER GEMÜSE-LINSEN-EINTOPF MIT PETERSILIENPESTO

Ich liebe herzhafte Eintöpfe! Am Ende muss man nur einen Topf abwaschen, sie gehen schnell und tun einfach gut. Es lohnt sich immer, etwas mehr zu kochen und Reste am nächsten Tag aufzuwärmen oder einzufrieren.

Zubereitungszeit 20 Minuten plus 20–30 Minuten Garzeit

Für 4 Personen

Für den Eintopf

1 Zwiebel
2 Knoblauchzehen
1 Karotte
1 Stange Staudensellerie
4 Champignons
3–4 festkochende Kartoffeln (ca. 400 g)
1 Rote Bete (150 g)
1 Tomate
2 EL Olivenöl
1 l Gemüsebrühe (siehe Seite 160; alternativ gekaufte Gemüsebrühe)
3 Lorbeerblätter
Salz
schwarzer Pfeffer aus der Mühle
100 g grüne Linsen

Für das Pesto

1 Bund glatte Petersilie
abgeriebene Schale von ½ Biozitrone
4 EL Olivenöl
Salz
schwarzer Pfeffer aus der Mühle

Zum Servieren

150 g Crème fraîche

Für den Eintopf die **Zwiebel** schälen und in Würfel schneiden. **Knoblauchzehen** schälen und hacken. **Karotte** schälen und in walnussgroße Stücke schneiden. **Sellerie** waschen, die Blätter abtrennen und beiseitestellen, die Stange grob in Stücke schneiden. **Pilze** mit Küchenpapier säubern und vierteln. **Kartoffeln** und **Rote Bete** schälen und in walnussgroße Stücke schneiden. **Tomate** waschen, den Stielansatz entfernen und Tomate grob klein schneiden. • **Olivenöl** in einem Topf erhitzen, Zwiebeln, Knoblauch, Karotten, Sellerie und Pilze darin bei mittlerer Hitze einige Minuten anschwitzen. Dann Kartoffeln, Rote Beten und Tomaten dazugeben und die **Gemüsebrühe** angießen. **Lorbeerblätter** dazugeben und mit **Salz** und **Pfeffer** würzen. • **Linsen** in ein Sieb geben, mit kaltem Wasser abbrausen und zum Eintopf geben. Den Deckel auflegen und 20–30 Minuten kochen, bis Gemüse und Linsen weich sind. • In der Zwischenzeit für das Pesto die **Petersilie** waschen, trocken schütteln, grob klein schneiden und in ein Mixgefäß geben. **Zitronenabrieb, Olivenöl,** etwas **Salz** und **Pfeffer** dazugeben und mit dem Stabmixer pürieren. • Den fertigen Eintopf noch mal mit **Salz** und **Pfeffer** abschmecken, auf vier tiefe Teller verteilen, Pesto und eine Nocke **Crème fraîche** daraufgeben, mit einigen beiseitegestellten Sellerieblättern garnieren und servieren.

Nährwerte pro Portion: 550 kcal – F 33 g, KH 45 g, B 5 g, EW 14 g

TIPP

Den Eintopf kann man je nach Saison oder Gemüsevorlieben beliebig variieren. Hier kannst du erfinderisch werden, du kannst nichts falsch machen. Wenn dir die Garzeit der Linsen zu lange ist, kannst du sie einfach einige Stunden oder am Vortag in kaltem Wasser einweichen.

glutenfrei, frei von raffiniertem Zucker

SHAKSHUKA

Shakshuka ist eine aromatische Tomatensauce, in der Eier pochiert werden. Ein perfektes deftiges Frühstück für Menschen, die ihr Brot gern in Sauce dippen. Ähnliche Gerichte gibt es in vielen Ländern rund um das Mittelmeer, so zum Beispiel in der Türkei das beliebte Menemen.

Zubereitungszeit 15 Minuten plus 20-27 Minuten Garzeit

Für 2 Personen

2 kleine Zwiebeln
1 Knoblauchzehe
3 rote oder grüne Spitzpaprika
1 rote Chili
2 EL Olivenöl
Salz
schwarzer Pfeffer aus der Mühle
1 TL edelsüßes Paprikapulver
1 TL gemahlener Kreuzkümmel (Cumin)
1 Dose stückige Tomaten (400 g)
3 Frühlingszwiebeln
4-5 Stängel glatte Petersilie
4 Eier (Größe M)

Zwiebeln und **Knoblauchzehe** schälen und in kleine Würfel schneiden. **Spitzpaprika** und **Chili** waschen, entkernen und ebenfalls würfeln. • Eine Pfanne erhitzen, **Olivenöl** hineingießen, Zwiebeln, Knoblauch, Paprika und Chili hinzufügen, mit **Salz** und **Pfeffer** würzen und kurz durchrühren. Deckel auflegen und bei mittlerer Hitze 2-3 Minuten dünsten. • **Paprikapulver** und **Kreuzkümmel** darüberstreuen und etwa 1 Minute mit erhitzen. Dann die **Dosentomaten** einrühren, die Dose mit etwa 100 ml Wasser ausspülen und die Flüssigkeit hinzufügen. Den Deckel wieder auflegen und 15-20 Minuten köcheln lassen, bis sich alles gut zu einer dickflüssigen Sauce verbunden hat. • Inzwischen die **Frühlingszwiebeln** waschen, putzen und schräg in dünne Scheiben schneiden. **Petersilie** abbrausen, trocken schütteln, die Blätter abzupfen und klein schneiden. • Frühlingszwiebeln und zwei Drittel der Petersilie in die Pfanne geben, gut durchmischen und 1-2 Minuten köcheln lassen. **Eier** vorsichtig aufschlagen, damit das Eigelb nicht zerfließt, in die Tomatensauce geben und abgedeckt noch 3-4 Minuten köcheln lassen, bis das Eiweiß gestockt, aber das Eigelb noch flüssig ist. • Mit der restlichen Petersilie garnieren und aus der Pfanne servieren.

Nährwerte pro Portion: 299 kcal - F 13 g, KH 25 g, B 3 g, EW 20 g

laktosefrei, glutenfrei, frei von raffiniertem Zucker

LINSEN-KÜRBIS-CURRY

Dieses Linsencurry mit Kürbis ist wunderbar würzig und aromatisch. Es ist ganz einfach zuzubereiten und schmeckt wirklich unglaublich gut. Das Rezept bekommt meine absolute Nachkochempfehlung! Ich mache hiervon direkt eine größere Menge, um den Kürbis und die Kokosmilch aufzubrauchen. Du kannst die Rezeptmenge natürlich auch halbieren oder Reste am nächsten Tag aufwärmen oder einfrieren.

Zubereitungszeit 25 Minuten plus 10–15 Minuten Garzeit

Für 4 Personen

Für das Curry

1 Zwiebel
2 Knoblauchzehen
ca. 2-cm-Stück Ingwer
2 Tomaten
1 Butternut- oder Hokkaido-Kürbis (ca. 1 kg)
100 g grüne Bohnen
2–3-cm-Stück Zimtstange
5 Gewürznelken
5 grüne Kardamomkapseln
2 EL Öl (z. B. Kokos- oder Sonnenblumenöl; alternativ geklärte Butter, siehe Seite 161)
1 TL gemahlene Kurkuma
1 TL gemahlener Kreuzkümmel (Cumin)
½ TL getrockneter Koriander
1 EL Tomatenmark
200–300 ml Gemüsebrühe (siehe Seite 160; alternativ gekaufte Gemüsebrühe)
1 Dose Kokosmilch (400 ml)
200 g rote Linsen
Salz
schwarzer Pfeffer aus der Mühle
1 Limette
1 Bund Koriander

Für die Beilage

280 g Reis (z. B. Basmati- oder Jasminreis)
Salz

Für das Curry **Zwiebel** und **Knoblauchzehen** schälen und in feine Würfel schneiden. **Ingwer** schälen und fein reiben. **Tomaten** waschen, die Stielansätze entfernen und Tomaten ebenfalls würfeln. **Kürbis** schälen, halbieren, entkernen und in etwa 2 cm große Würfel schneiden (Hokkaido kann mit Schale verwendet werden). **Bohnen** waschen, putzen und in 2–3 cm lange Stücke schneiden. • Für die Beilage den **Reis,** wie auf Seite 160 beschrieben, mit 510 ml Wasser und etwas **Salz** garen. • Inzwischen **Zimtstange, Nelken** und **Kardamomkapseln** in einer Pfanne ohne Fett so lange erhitzen, bis sich die Aromen entfalten. Dann das **Öl** mit Zwiebeln und Knoblauch dazugeben und glasig anschwitzen. Die restlichen **Gewürze** mit dem Ingwer dazugeben, kurz mit anschwitzen, dann Tomatenwürfel und **Tomatenmark** einrühren und ebenfalls kurz anschwitzen. Kürbis, Bohnen, 200 ml **Gemüsebrühe** und **Kokosmilch** hinzufügen. • **Linsen** in ein feines Sieb geben, mit kaltem Wasser abbrausen, kurz abtropfen lassen und einrühren. Mit **Salz** und **Pfeffer** würzen, den Deckel auflegen und 10–15 Minuten leicht köcheln lassen. Bei Bedarf die restliche **Brühe** zugießen. • Kurz vor Ende der Garzeit die **Limette** halbieren, eine Hälfte auspressen, die andere in Spalten schneiden. **Koriander** abbrausen, gut trocken schütteln und klein schneiden. Etwas Koriander zum Garnieren beiseitestellen. Restlichen Koriander in das Curry rühren und mit Limettensaft abschmecken. • Das Curry mit dem Reis auf vier Tellern anrichten, mit Koriander garnieren und die Limettenspalten zum Beträufeln danebenlegen.

Nährwerte pro Portion: 757 kcal – F 26 g, KH 116 g, B 10 g, EW 24 g

vegan, laktosefrei, glutenfrei, frei von raffiniertem Zucker

COWBOY-PFANNE

Eine einfache Bohnenpfanne, die jeden Fan von Bud-Spencer- und Terence-Hill-Filmen erfreuen wird. Alle anderen hoffe ich auch.

Zubereitungszeit 20 Minuten plus 5 Minuten Garzeit

Für 2 Personen

200 g braune Champignons
5 EL Olivenöl
1 Zwiebel
2 Knoblauchzehen
1 rote Paprika
1 Msp. Cayennepfeffer (nach Belieben)
Salz
schwarzer Pfeffer aus der Mühle
2 TL edelsüßes Paprikapulver
1 TL getrockneter Oregano
1 EL Tomatenmark
2 Dosen Kidneybohnen (480 g Abtropfgewicht)
300 ml Gemüsebrühe (siehe Seite 160; alternativ gekaufte Gemüsebrühe)
3–4 Stängel glatte Petersilie
1 EL vegane Worcestershiresauce

Champignons mit Küchenpapier säubern und im Multizerkleinerer klein hacken, aber nicht pürieren. • Eine Pfanne erhitzen, **Olivenöl** hineingießen und die gehackten Pilze darin anbraten. • Währenddessen **Zwiebel** und **Knoblauchzehen** schälen, grob klein schneiden, im Multizerkleinerer sehr fein hacken, zu den Pilzen geben und mitbraten. • Inzwischen die **Paprika** waschen, entkernen und grob würfeln. Ebenfalls in die Pfanne geben und mit **Cayennepfeffer, Salz** und **Pfeffer** würzen. So lange braten, bis die Flüssigkeit verdampft und die Mischung leicht gebräunt ist. • Restliche **Gewürze** und **Tomatenmark** einrühren und 1 Minute mit anrösten. **Bohnen** in ein Sieb abgießen, abbrausen, abtropfen lassen und mit der **Gemüsebrühe** in die Pfanne geben. Noch mal mit **Salz** und **Pfeffer** abschmecken und 5 Minuten leicht köcheln lassen. • **Petersilie** abbrausen, trocken schütteln und hacken. Zum Schluss das Gericht mit **Worcestershiresauce** abschmecken und die Petersilie untermischen.

Nährwerte pro Portion: 602 kcal – F 32 g, KH 46 g, B 18 g, EW 23 g

TIPP

Ich liebe Paprika – roh, gekocht, gebraten. Manche Menschen vertragen aber die Haut der Paprika nicht gut, sie ist schwer verdaulich. Eine simple Lösung, dem Unwohlsein vorzubeugen, ist, die Paprika vor der Zubereitung vorsichtig mit einem Sparschäler zu schälen. Am besten geht das bei dickfleischigen Paprikasorten mit möglichst glatter Oberfläche.

vegan, laktosefrei

ALOO GOBI

Aloo Gobi ist ein indisches Kartoffel-Blumenkohl-Curry – dabei heißt Aloo nichts anderes als „Kartoffel" und Gobi bedeutet „Blumenkohl". Wer dem Gericht zusätzliches Protein hinzufügen möchte, mischt noch ein paar Kichererbsen unter. So wird aus dem Essen eine vollwertige Mahlzeit, die auch lange satt hält.

Zubereitungszeit 25 Minuten plus 10–15 Minuten Garzeit

Für 2 Personen

1 kleiner Blumenkohl (ca. 600 g)
200 g festkochende Kartoffeln
1 mittelgroße Zwiebel
1–2 Knoblauchzehen
1–2-cm-Stück Ingwer
1 rote Chili
(nach Geschmack mehr)
ca. 50 ml Öl (z. B. Kokos-, Sonnenblumen- oder Rapsöl; alternativ geklärte Butter, siehe Seite 161)
½ TL Kreuzkümmelsamen
½ TL Koriandersamen
1 TL gemahlene Kurkuma
1 TL Garam Masala
2–3 Tomaten
Salz
schwarzer Pfeffer aus der Mühle
8–10 Stängel Koriander
Saft von ½ Limette
2 EL Joghurt Natur (3,5 % Fett)

Blumenkohl putzen, waschen und in kleine Röschen zerlegen. **Kartoffeln** schälen und in etwa 1 cm kleine Würfel schneiden. • **Zwiebel** schälen und in feine Würfel schneiden. **Knoblauchzehe(n)** schälen und in Scheiben schneiden. **Ingwer** schälen und fein reiben (Bioingwer kann man mit Schale verwenden). **Chili** waschen und mit Kernen klein schneiden. • Eine Pfanne erhitzen, 2–3 EL **Öl** hineingeben und die Blumenkohlröschen darin unter gelegentlichem Wenden anbraten, bis sie etwas Farbe angenommen haben. Auf einen Teller geben, die Kartoffeln in die Pfanne geben und unter gelegentlichem Wenden etwa 5 Minuten anbraten – nur leicht, sie sollen nicht goldbraun werden wie Bratkartoffeln. Aus der Pfanne nehmen. • Restliches **Öl** in die Pfanne gießen. Zwiebeln, Knoblauch und Ingwer darin langsam karamellisieren lassen. Sie dürfen ruhig etwas Farbe bekommen. Wenn die Zwiebeln leicht gebräunt sind, Chili und **Gewürze** zugeben und 2–3 Minuten rösten. • Inzwischen die **Tomaten** waschen, die Stielansätze entfernen, Tomaten in Würfel schneiden und mit in die Pfanne geben. Mit **Salz** und **Pfeffer** würzen und so lange köcheln lassen, bis eine cremige Sauce entstanden ist. Dann Blumenkohl und Kartoffeln wieder hinzugeben, etwa 200 ml Wasser angießen, den Deckel auflegen und so lange leicht kochen, bis die Kartoffeln weich sind. Je nach Größe dauert das 10–15 Minuten. • **Koriander** abbrausen, trocken schütteln und nach Belieben grob hacken. • Am Ende der Garzeit Koriander und **Limettensaft** in das Curry einrühren. In zwei Schalen füllen, einen Klecks **Joghurt** hinzugeben und servieren.

Nährwerte pro Portion: 224 kcal – F 5 g, KH 31 g, B 13 g, EW 13 g

glutenfrei, frei von raffiniertem Zucker

FRITTATA MIT GRÜNEM SPARGEL UND TOMATENSALSA

Eine Frittata ist eine Art italienisches Omelett. Der Unterschied ist, dass sie von beiden Seiten in der Pfanne gebraten wird. Aber auch im Backofen in einer Auflaufform funktioniert es prima, besonders wenn man größere Mengen zubereiten möchte. Das perfekte Gericht, um Reste zu verarbeiten.

Zubereitungszeit
30-35 Minuten

Für 2 Personen

Für die Frittata

3 mittelgroße gekochte Kartoffeln (am besten Pellkartoffeln vom Vortag)
150 g grüner Spargel
½ rote Paprika
2 EL Olivenöl
Salz
schwarzer Pfeffer aus der Mühle
8 Eier (Größe M)

Für die Salsa

1 Schalotte
1 kleine rote Chili (nach Belieben)
2 reife Tomaten
1-2 EL Olivenöl
Salz
schwarzer Pfeffer aus der Mühle
6-8 Stängel Koriander

Für die Frittata die **Kartoffeln** gegebenenfalls schälen und grob würfeln. **Spargel** waschen, die Enden nur dünn abschneiden und eventuell das untere Drittel schälen (bei frisch geerntetem Spargel nicht nötig). Spargelspitzen abschneiden und längs halbieren. Die Stangen leicht schräg in etwa 5 mm dünne Scheiben schneiden. **Paprika** entkernen, waschen und würfeln. • Eine beschichtete Pfanne (Ø 28 cm) erhitzen. **Olivenöl** hineingeben, Kartoffeln, Spargel und Paprika hinzufügen, mit **Salz** und **Pfeffer** würzen und 4-5 Minuten langsam anbraten. • Inzwischen die **Eier** in eine Schüssel geben, **salzen, pfeffern** und mit einer Gabel verquirlen. Über das Gemüse gießen und vorsichtig einige Male mit einem Holzlöffel am Boden der Pfanne entlangrühren. Auf mittlere Hitze reduzieren und ohne zu rühren 3-4 Minuten garen. Wenn die Frittata unten leicht gebräunt und oben noch nicht ganz fest ist, auf einen Teller stürzen, mit der anderen Seite zurück in die Pfanne gleiten lassen und noch 1-2 Minuten braten. • In der Zwischenzeit für die Salsa etwas Wasser in einem kleinen Topf zum Kochen bringen. **Schalotte** schälen, sehr fein würfeln, dann ins kochende Wasser geben und 1-2 Minuten blanchieren. In ein Sieb abgießen, mit kaltem Wasser abschrecken und abtropfen lassen. • **Chili** waschen, nach Belieben entkernen und klein schneiden. **Tomaten** waschen und grob in eine Schüssel reiben, sodass nur Haut und Stielansatz zurückbleiben. Schalotten, Chili, **Olivenöl,** etwas **Salz** und **Pfeffer** hinzugeben. **Koriander** waschen, trocken schütteln, klein schneiden und ebenfalls in die Schüssel geben. Alles verrühren und mit **Salz** und **Pfeffer** abschmecken. • Frittata auf einen Teller geben und in Stücke schneiden. Dazu die Salsa reichen.

Nährwerte pro Portion: 536 kcal - F 36 g, KH 20 g, B 2 g, EW 31 g

PROFI-TRICK

Wusstest du, dass sich Schalotten viel einfacher als Zwiebeln in kleine Würfel schneiden lassen? Ihre Schichten sind viel dünner als die der Zwiebel, sodass du wirklich winzige Würfel schneiden kannst. Zudem sind sie meist milder im Geschmack. Alternativ kann man die (ofenfeste) Pfanne, direkt nachdem die Eier zugegeben wurden, in den vorgeheizten Backofen geben und die Frittata bei 180 °C Umluft etwa 15 Minuten backen.

laktosefrei, glutenfrei, frei von raffiniertem Zucker

JAMBALAYA

Jambalaya ist ein Gericht aus der kreolischen und der Cajun-Küche. Das Original enthält jede Menge Fleisch und Meeresfrüchte. Die vegane Version steht dem jedoch in nichts nach. Was allerdings nicht fehlen sollte, ist die sogenannte heilige Dreifaltigkeit: Zwiebel, Sellerie und grüne Paprika.

Zubereitungszeit 20 Minuten plus 15–20 Minuten Garzeit

Für 2 Personen

1 Zwiebel
1–2 Knoblauchzehen
1 grüne Paprika
2 Stangen Staudensellerie
2 Tomaten
2–3 EL Olivenöl
200 g Jasminreis
1 EL Tomatenmark
je ½ TL getrockneter Oregano, getrockneter Thymian, edelsüßes Paprikapulver, Cayennepfeffer, gemahlener Kreuzkümmel (Cumin)
360 ml Gemüsebrühe (siehe Seite 160; alternativ gekaufte Gemüsebrühe oder Wasser)
1 Lorbeerblatt
Salz
schwarzer Pfeffer aus der Mühle
1 Dose schwarze oder Kidneybohnen (240 g Abtropfgewicht)
2–3 Stängel glatte Petersilie (oder Koriander)

Zwiebel schälen und in feine Würfel schneiden. **Knoblauchzehe(n)** schälen und hacken. **Paprika** waschen, entkernen und in feine Würfel schneiden. **Sellerie** waschen, Blätter entfernen und die Stangen ebenfalls in kleine Würfel schneiden. **Tomaten** waschen, Stielansätze herausschneiden und Tomaten grob würfeln. • Eine große Pfanne erhitzen und 2 EL **Olivenöl** hineingeben. Zwiebeln, Knoblauch, Paprika und Sellerie darin langsam anschwitzen, bis die Zwiebeln glasig sind. • Währenddessen den **Reis** in ein Sieb geben, mit kaltem Wasser abbrausen, bis das Wasser fast klar abfließt, und abtropfen lassen. • Abgetropften Reis in die Pfanne geben und 1–2 Minuten mitbraten. Gegebenenfalls noch etwas **Olivenöl** nachgießen. Dann Tomaten, **Tomatenmark** und alle **Gewürze** einrühren und weitere 1–2 Minuten anbraten. **Gemüsebrühe** angießen, **Lorbeerblatt** dazugeben und mit **Salz** und **Pfeffer** würzen. • **Bohnen** in ein Sieb abgießen, abbrausen, kurz abtropfen lassen und in die Pfanne geben. Den Deckel auflegen, einmal aufkochen, dann die Hitze auf kleinste Stufe reduzieren und abgedeckt so lange ziehen lassen, bis der Reis die Flüssigkeit vollständig absorbiert hat – das dauert 15–20 Minuten. • Kurz vor Garzeitende die **Petersilie** abbrausen, trocken schütteln und hacken. Die fertige Jambalaya einmal umrühren, in zwei Schalen füllen und mit Petersilie garniert servieren.

Nährwerte pro Portion: 716 kcal – F 17 g, KH 110 g, B 11 g, EW 20 g

PROFI-TRICK

Wenn du die Haut der Tomaten entfernst, wird das Gericht noch besser. Am einfachsten ist es, wenn du den Strunk entfernst, die Tomaten auf der Unterseite kreuzförmig einschneidest, sie kurz ins kochende Wasser tauchst und in kaltem Wasser abschreckst. Mit einem Küchenmesser kannst du die Tomatenhaut nun leicht abziehen.

vegan, laktosefrei, glutenfrei, frei von raffiniertem Zucker

KARTOFFELSUPPE MIT GEBRATENEN PILZEN UND CROÛTONS

Kartoffelsuppe gehört zu Recht zu den wahrscheinlich beliebtesten Suppen überhaupt. Auch Kinder lieben sie, besonders wenn es dazu Croûtons gibt. So wird aus einem einfachen Essen ein wahrer Festschmaus. Bereite die Croûtons am besten selbst zu. Sie sind um so vieles besser als die fertig gekauften aus dem Supermarkt.

Zubereitungszeit 35 Minuten

Für 4 Personen

Für die Suppe

1 Zwiebel
1 Knoblauchzehe
1 kleine Karotte
ca. 100 g Knollensellerie
1–2 EL Olivenöl
weißer Teil von 1 Lauchstange
500 g mehligkochende Kartoffeln
800 ml Gemüsebrühe (siehe Seite 160; alternativ gekaufte Gemüsebrühe)
1 Lorbeerblatt
Salz
schwarzer Pfeffer aus der Mühle
100 g Sahne
1 Prise frisch geriebene Muskatnuss

Für die Croûtons

2 Scheiben Brot (muss nicht frisch sein; à 50 g)
1 Knoblauchzehe
1 Zweig Rosmarin
20 g Butter
2 EL Olivenöl
Salz
schwarzer Pfeffer aus der Mühle

Für das Topping

100–120 g Champignons
5–8 Schnittlauchhalme
2 EL Olivenöl
Salz
schwarzer Pfeffer aus der Mühle

Für die Suppe **Zwiebel** und **Knoblauchzehe** schälen und klein hacken. **Karotte** und **Sellerie** schälen und grob klein schneiden. **Olivenöl** in einem Topf erhitzen. Zwiebeln, Knoblauch, Karotten und Sellerie darin 2–3 Minuten farblos anschwitzen. • Inzwischen den **Lauch** putzen, längs einschneiden, gut waschen und in feine Ringe schneiden. **Kartoffeln** waschen, schälen, grob in Würfel schneiden und beides in den Topf geben. So viel **Gemüsebrühe** angießen, bis alles gut bedeckt ist. **Lorbeerblatt** dazugeben und mit **Salz** und **Pfeffer** abschmecken. Den Deckel auflegen und 10–15 Minuten leicht köcheln lassen, bis das Gemüse weich ist. • Währenddessen für die Croûtons das **Brot** in etwa 1 cm kleine Würfel schneiden. **Knoblauchzehe** ungeschält leicht andrücken. **Rosmarin** abbrausen und trocken tupfen. Eine Pfanne erhitzen, **Butter** und **Olivenöl** hineingeben, die Brotwürfel mit Knoblauch und Rosmarin hinzufügen und rundum schön knusprig braten. Mit **Salz** und **Pfeffer** würzen und die Croûtons auf Küchenpapier abtropfen lassen. • Für das Topping die **Champignons** mit Küchenpapier säubern, nach Belieben die Stielenden etwas abschneiden und die Pilze in Scheiben schneiden. **Schnittlauch** waschen, gut trocken tupfen und in möglichst feine Ringe schneiden. In der gleichen Pfanne das **Olivenöl** erhitzen und die Pilze darin gut anbraten. Den Knoblauch von den Croûtons kann man hier noch mal dazugeben, er sorgt für Geschmack. Mit **Salz** und **Pfeffer** würzen und beiseitestellen. • Zum Schluss die **Sahne** in die Suppe rühren und einmal aufkochen. Nach Belieben mit **Muskatnuss** würzen, das Lorbeerblatt entfernen, dann mit dem Stabmixer pürieren und die Suppe in vier Schalen füllen. Mit Pilzen und Schnittlauch toppen und die Croûtons separat dazu reichen. Fertig ist eine fantastische Suppe!

Nährwerte pro Portion: 463 kcal – F 26 g, KH 42 g, B 5 g, EW 11 g

TIPP

Croûtons sind perfekt dafür geeignet, Brotreste zu verarbeiten. So kannst du Verschwendung minimieren und noch etwas extrem Leckeres daraus machen, was dann länger verfügbar ist.

RATATOUILLE MIT WEISSEN BOHNEN UND GERÖSTETEM BAGUETTE

Ratatouille ist ein absoluter Klassiker der französischen Küche. Ich habe ihn hier eigentlich nur etwas erweitert, damit daraus ein vollwertiger Hauptgang wird. Ein perfektes Essen zum Teilen und Dippen mit Brot.

Zubereitungszeit 20 Minuten plus ca. 30 Minuten Garzeit

Für 2 Personen

Für das Ratatouille

1-2 Zucchini
1 Aubergine
1 Zwiebel
2 Knoblauchzehen
je 1 rote, gelbe und grüne Paprika
5-6 EL Olivenöl
2 Zweige Thymian
1 Zweig Rosmarin
1 Dose stückige Tomaten (400 g)
Salz
schwarzer Pfeffer aus der Mühle
½ TL getrockneter Oregano
1 Dose weiße Bohnen (240 g Abtropfgewicht)
5-6 Basilikumblätter

Zum Servieren

½ Baguette
1-2 EL Olivenöl

Für das Ratatouille **Zucchini** und **Aubergine** waschen, putzen und in etwa 1 cm kleine Würfel schneiden. **Zwiebel** schälen und in feine Würfel schneiden. **Knoblauchzehen** schälen und hacken. **Paprika** waschen, entkernen und ebenfalls etwa 1 cm klein würfeln. • Eine große Pfanne erhitzen und 3-4 EL **Olivenöl** hineingeben, Auberginen und Zucchini darin 2-3 Minuten gut anbraten. Falls die Pfanne nicht groß genug ist, in zwei Durchgängen anbraten. Wenn das Gemüse leicht gebräunt ist, aus der Pfanne nehmen und beiseitestellen. Restliches **Olivenöl** in die Pfanne gießen, Zwiebeln, Knoblauch und Paprika darin 4-5 Minuten anbraten, bis das Gemüse ein wenig Farbe hat. • Auberginen und Zucchini zurück in die Pfanne geben. **Thymian** abbrausen, trocken schütteln und Blättchen abstreifen. **Rosmarin** abbrausen, trocken schütteln, Nadeln abstreifen und hacken. Die Kräuter mit den **Dosentomaten** in die Pfanne geben und mit etwas **Salz** und **Pfeffer** sowie **Oregano** würzen. Den Deckel auflegen und bei niedriger Hitze etwa 30 Minuten köcheln lassen. • **Bohnen** in ein Sieb abgießen, abbrausen, abtropfen lassen, einrühren und weitere 5 Minuten köcheln lassen. • In der Zwischenzeit das **Baguette** in Scheiben schneiden und in einer Pfanne im **Olivenöl** von beiden Seiten goldgelb rösten. • Zum Schluss die **Basilikumblätter** waschen, trocken tupfen, grob zerzupfen und unter das Ratatouille heben. In zwei Schalen füllen und mit dem Baguette servieren.

Nährwerte pro Portion: 470 kcal - F 4 g, KH 78 g, B 17 g, EW 23 g

TIPP

Wenn das Gericht noch besser werden soll, verwende statt Dosentomaten frische, geschälte Tomaten. Wichtig ist, dass sie schön reif sind.

vegan, laktosefrei, frei von raffiniertem Zucker

INDISCHES ROTE-LINSEN-DAL

Dal ist das indische Wort für „Linsen". Genau genommen ist „Linsen-Dal" also doppelt gemoppelt. Dieses Gericht wärmt von innen durch seine Gewürze, die dafür sorgen, dass aus einfachen Linsen ein wahres Geschmackserlebnis wird.

Zubereitungszeit 20 Minuten plus 10–15 Minuten Garzeit

Für 2 Personen

2 Knoblauchzehen
1 rote Chili
1 Zwiebel
150 g rote Linsen
1-2-cm-Stück Ingwer
3–4 EL geklärte Butter (siehe Seite 161; alternativ z. B. Kokosöl oder Sonnenblumenöl)
1 TL Kreuzkümmelsamen
1 TL gemahlene Kurkuma
1 TL gemahlener Koriander
1 EL Tomatenmark
1 Dose Kokosmilch (400 ml)
Salz
schwarzer Pfeffer aus der Mühle
100 g Babyspinat
10 Stängel Koriander
1 EL Limettensaft

Knoblauchzehen schälen und grob hacken. **Chili** waschen, nach Belieben entkernen und in kleine Stücke schneiden. **Zwiebel** schälen und in feine Würfel schneiden. **Linsen** in ein Sieb geben, gründlich mit kaltem Wasser abbrausen und abtropfen lassen. **Ingwer** schälen und reiben oder klein schneiden. • **Geklärte Butter** in einer Pfanne oder einem Topf zerlassen, **Kreuzkümmelsamen** hinzufügen und leicht anrösten. Dann Knoblauch und Chili dazugeben und kurz mit anbraten. Bevor der Knoblauch braun wird, 2–3 EL der Gewürzbutter in einen kleinen Topf geben und beiseitestellen. • Zwiebeln, **Kurkuma, Koriander** und **Tomatenmark** in die Pfanne geben und 1 Minute unter Rühren anbraten. Dann die Linsen hineingeben, mit **Kokosmilch** ablöschen und etwa 150 ml Wasser zugießen. Den geriebenen Ingwer hinzufügen, mit **Salz** und **Pfeffer** würzen und abgedeckt bei niedriger Hitze 10–15 Minuten köcheln lassen. • Inzwischen den **Babyspinat** waschen und abtropfen lassen. **Koriander** abbrausen, trocken schütteln und grob klein schneiden. • Gegen Ende der Garzeit den Spinat und bis auf 1 EL den Koriander unterrühren. Bei Bedarf noch etwas Wasser zugießen und alles noch 1–2 Minuten köcheln lassen. • Die beiseitegestellte Gewürzbutter kurz erhitzen. • Das Dal mit **Limettensaft** abschmecken und in zwei Schalen füllen. Mit restlichem Koriander garnieren und mit Gewürzbutter beträufeln. Guten Appetit!

Nährwerte pro Portion: 872 kcal – F 62 g, KH 52 g, B 14 g, EW 26 g

laktosefrei, glutenfrei, frei von raffiniertem Zucker

CREMIGE ROSMARIN-WALNUSS-POLENTA

Polenta ist Maisgrieß, der hier meist als Instant-Polenta verkauft wird. In Italien bereitet man Polenta meist auf zwei Arten zu: entweder als weichen Brei oder als feste Masse, die ausgestrichen wird und die man dann abgekühlt aussticht und anbrät. Wir machen eine cremige Version, die von der Art eher einem Risotto ähnelt und wirklich köstlich ist.

Zubereitungszeit 15 Minuten

Für 2 Personen

1 Zwiebel
1 Knoblauchzehe
4 EL Olivenöl
500 ml Gemüsebrühe
(siehe Seite 160; alternativ gekaufte Gemüsebrühe)
1 Lorbeerblatt
Salz
schwarzer Pfeffer aus der Mühle
1 kleiner Zweig Rosmarin
60 g Instant-Polenta
40 g Walnusskerne
20 g Parmesan
30 g Butter

Zwiebel schälen und in kleine Würfel schneiden. **Knoblauchzehe** schälen und hacken. 3 EL **Olivenöl** in einem Topf erhitzen, Zwiebeln und Knoblauch darin ohne Farbe anschwitzen. • **Gemüsebrühe** und **Lorbeerblatt** zugeben, mit **Salz** und **Pfeffer** kräftig abschmecken und einmal aufkochen. • Inzwischen den **Rosmarin** abbrausen, die Nadeln abstreifen, klein hacken und hinzufügen. • **Polenta** mit einem Schneebesen in die kochende Brühe einrühren und die Hitze reduzieren. **Walnüsse** grob hacken, etwas davon zum Garnieren beiseitestellen, den Rest zur Polenta geben, mit einem Holzlöffel weiterrühren und 3–4 Minuten unter Rühren köcheln lassen, bis die Polenta eine cremige Konsistenz hat. • Währenddessen den **Parmesan** fein reiben. • Den Topf vom Herd nehmen, Parmesan und **Butter** einrühren. Die Polenta in zwei Schalen geben, mit den beiseitegestellten Walnüssen bestreuen, mit restlichem **Olivenöl** beträufeln und genießen.

Nährwerte pro Portion: 695 kcal – F 54 g, KH 38 g, B 2 g, EW 12 g

TIPP

Wenn du die Hälfte der Brühe durch Kuhmilch ersetzt, wird die Polenta noch cremiger.

glutenfrei, frei von raffiniertem Zucker

MINESTRONE MIT WEISSEN BOHNEN UND PESTO

Die berühmte italienische Minestrone gibt es je nach Saison und Region in vielen Varianten. Ich zeige dir meine Interpretation der beliebten und gesunden Gemüsesuppe. Du kannst übrigens die Vielfalt der Zutaten deinen Vorlieben anpassen.

Zubereitungszeit 35 Minuten

Für 4 Personen

Für die Suppe

1 mittelgroße Zwiebel
1 Knoblauchzehe
3 Karotten
2 Stangen Staudensellerie
½ Fenchelknolle
2 Tomaten
2 mittelgroße festkochende Kartoffeln
2 EL Olivenöl
800 ml Gemüsebrühe (siehe Seite 160; alternativ gekaufte Gemüsebrühe)
1 Lorbeerblatt
Salz
schwarzer Pfeffer aus der Mühle
120 g grüner Spargel
1 kleine Zucchini
1 Dose weiße Bohnen (250 g Abtropfgewicht)

Für das Pesto

1 Bund Basilikum (40 g)
25 g Parmesan
4 EL gutes Olivenöl
25 g Pinienkerne (alternativ Sonnenblumen- oder Kürbiskerne)
Salz
schwarzer Pfeffer aus der Mühle

Für die Suppe **Zwiebel** und **Knoblauchzehe** schälen und klein würfeln. **Karotten** schälen und in kleine Würfel schneiden. Blätter vom **Sellerie** entfernen, die Stangen waschen und würfeln. **Fenchel** waschen, putzen und ebenfalls würfeln. • Von den **Tomaten** die Stielansätze entfernen, die Haut kreuzweise einritzen und mit kochendem Wasser übergießen. Nach etwa 10 Sekunden abgießen, sofort mit kaltem Wasser abschrecken, die Haut abziehen und die Tomaten grob in Würfel schneiden. **Kartoffeln** schälen und in Würfel schneiden. • **Olivenöl** in einem Topf erhitzen. Zuerst Zwiebeln, Knoblauch, Karotten, Sellerie und Fenchel darin etwa 3 Minuten anschwitzen. Tomaten und Kartoffeln dazugeben und **Gemüsebrühe** angießen. **Lorbeerblatt** zugeben, mit **Salz** und **Pfeffer** würzen und abgedeckt etwa 15 Minuten köcheln lassen, bis das Gemüse weich ist. • Inzwischen den **Spargel** waschen, im unteren Drittel schälen und die holzigen Enden etwas abschneiden. Spargelspitzen abtrennen und die Stangen in dünne Streifen schneiden. **Zucchini** waschen und klein würfeln. • Für das Pesto das **Basilikum** abbrausen, trocken schütteln, grob schneiden und in den Standmixer geben. **Parmesan** fein reiben, mit **Olivenöl, Pinienkernen,** etwas **Salz** und **Pfeffer** zum Basilikum geben und mixen. (Alternativ den Stabmixer verwenden.) • 5 Minuten vor Ende der Garzeit die **Bohnen** in ein Sieb abgießen, abbrausen, kurz abtropfen lassen und zur Suppe geben. Alle Spargelstücke und Zucchini-Würfel hinzufügen und einmal kurz aufkochen lassen. • Zum Servieren die Minestrone in vier Schalen oder tiefe Teller füllen und entweder etwas Pesto darüberträufeln oder separat dazu servieren.

Nährwerte pro Portion: 437 kcal – F 26 g, KH 31 g, B 10 g, EW 13 g

TIPP

Damit die Minestrone nie langweilig wird, kannst du sie ganz einfach mit dem Gemüse der Saison oder anderen Hülsenfrüchten variieren. So bleibt sie das ganze Jahr abwechslungsreich und spannend. Ein frisch gebackenes Ciabatta (siehe Seite 156) passt immer dazu. Wenn dich die Tomatenhaut nicht stört, kannst du sie auch einfach dran lassen, geschmacklich bleibt sie gleich.

laktosefrei, glutenfrei, frei von raffiniertem Zucker

EINFACH UND GESUND

Gerade wenn der Alltag stressig ist, sollte man nicht auf gesundes Essen und frische Zutaten verzichten. Gesunde Gerichte können einfach sein und schnell gehen. Aber der größte Vorteil: Sie liegen leicht im Magen und geben dem Körper neue Energie.

GLASNUDELSALAT

Ich glaube, Glasnudelsalat liebt jeder oder zumindest fast jeder. Ich zeige dir eine Variante, die ganz sicher gelingt.

Zubereitungszeit 20 Minuten

Für 2 Personen

Für den Salat

100 g Glasnudeln
10 Zuckerschoten (nach Belieben)
1 rote Paprika
1 Karotte
2 Frühlingszwiebeln
4–5 Stängel Koriander
3–4 Stängel Minze

Für das Dressing

1 Knoblauchzehe
1-cm-Stück Ingwer
Saft von 1 ½ Limetten (ca. 4 EL)
3 EL Sweet-Chili-Sauce
2 EL No-Fish-Sauce
1 TL Zucker
1 TL grobes Erdnussmus
½ TL Salz
1 EL geröstetes Sesamöl

Zum Garnieren

½ Limette
1–2 TL geröstete Erdnuss- oder Cashewkerne

Für den Salat die **Glasnudeln** in eine Schüssel geben, mit kochendem Wasser übergießen und 5 Minuten ziehen lassen. Anschließend in ein Sieb abgießen, mit kaltem Wasser abschrecken, abtropfen lassen und mit einer Küchenschere etwas kleiner schneiden (macht es leichter zu essen). • Inzwischen Wasser in einem Topf zum Kochen bringen. **Zuckerschoten** putzen, abbrausen und etwa 10 Sekunden im kochenden Wasser blanchieren. Dann in ein Sieb abgießen, mit kaltem Wasser abschrecken, abtropfen lassen, längs in dünne Streifen schneiden und in eine Schüssel geben. • **Paprika** waschen, entkernen und in möglichst feine Streifen schneiden. **Karotte** schälen und in dünne Stifte schneiden. **Frühlingszwiebeln** putzen, waschen und schräg in dünne Scheiben schneiden. Dann alles zu den Zuckerschoten geben. • **Koriander** und **Minze** abbrausen, trocken schütteln, die Blätter abzupfen und in die Schüssel geben. Wer möchte, schneidet die Korianderstiele klein und gibt sie mit dazu. • Für das Dressing **Knoblauchzehe** und **Ingwer** schälen, fein in eine Schüssel reiben, restliche **Zutaten** hinzufügen und vermischen. • Abgetropfte Glasnudeln zur Gemüsemischung geben und unterheben. Dressing darüberträufeln und gut durchmischen. • Zum Garnieren die **Limettenhälfte** in Spalten schneiden. Den Salat auf zwei Schalen aufteilen, mit den **Nüssen** toppen, Limettenspalten zum Beträufeln danebenlegen und am besten frisch genießen.

Nährwerte pro Portion: 373 kcal – F 10 g, KH 63 g, B 3 g, EW 5 g

TIPP

Für geschmacksintensiveren Koriander besuchst du am besten einen Asia-Laden. Dort bekommst du Koriander und andere Gewürze sogar mit Wurzel, weshalb sie länger haltbar sind. Wenn du keinen Koriander magst, verwende einfach nur frische Minze. Damit die Zuckerschoten knackig bleiben und ihre schöne grüne Farbe behalten, blanchierst du sie am besten nur kurz.

vegan, laktosefrei

WÜRZIG GESCHMORTER FENCHEL MIT ORANGENSAFT AUF HUMMUS

Die Inspiration für dieses unglaublich leckere Gericht hatte ich in einem Hotel in der Schweiz, als ich dort vor vielen Jahren gekocht habe. Seitdem ist es eines meiner Lieblingsrezepte für Fenchel, der hier durch Orangensaft und Gewürze einen unvergesslichen Geschmack bekommt.

Zubereitungszeit
25-30 Minuten

Für 2 Personen

Für den Fenchel

2 Fenchelknollen
2 EL Olivenöl plus etwas zum Beträufeln
1 Orange
1-2 TL Ahornsirup
½ TL Fenchelsamen
½ TL Koriandersamen
1 Sternanis
Salz
schwarzer Pfeffer aus der Mühle
ca. 100 ml Gemüsebrühe (siehe Seite 160; alternativ gekaufte Gemüsebrühe)

Für den Hummus

1 Dose Kichererbsen (240 g Abtropfgewicht)
Saft von ca. 1 Zitrone
1 Knoblauchzehe (alternativ 2-3 Zehen Knoblauch-Confit, siehe Seite 159)
2-3 TL Tahin (Sesammus)
¼-½ TL gemahlener Kreuzkümmel (Cumin)
Salz
schwarzer Pfeffer aus der Mühle

Fenchel waschen, das Fenchelgrün entfernen und beiseitestellen, die Knollen längs halbieren und in dicke Spalten schneiden. Eine Pfanne erhitzen, **Olivenöl** hineingeben und die Fenchelspalten darin bei mittlerer Hitze von beiden Seiten gut anbraten, bis sie eine schöne Farbe haben. • Inzwischen für den Hummus die **Kichererbsen** in ein Sieb geben, abbrausen und kurz abtropfen lassen. Etwa 20 Kichererbsen zurücklegen und den Rest mit der Hälfte des **Zitronensafts** in den Standmixer geben. • **Knoblauchzehe** schälen, klein schneiden und dazugeben. **Tahin, Kreuzkümmel,** etwas **Salz** und **Pfeffer** sowie 1-2 EL Wasser hinzufügen und so lange mixen, bis ein glatter, cremiger Hummus entstanden ist (das kann schon mal 2-3 Minuten dauern). Bei Bedarf noch etwas Wasser hinzugeben. Zum Schluss noch mal mit **Salz, Pfeffer, Kreuzkümmel** und **Zitronensaft** abschmecken. • **Orange** auspressen und die angebratenen Fenchelspalten damit ablöschen. **Ahornsirup** darüberträufeln, **Fenchel-** und **Koriandersamen** sowie **Sternanis** dazugeben, mit **Salz** und **Pfeffer** würzen und die **Gemüsebrühe** angießen. Die beiseitegestellten Kichererbsen ebenfalls in die Pfanne geben und abgedeckt so lange köcheln lassen, bis der Fenchel weich ist. Bei Bedarf noch etwas **Brühe** dazugeben. Die Flüssigkeit sollte am Ende gut eingekocht sein, sodass eine Sauce entsteht. • Das Fenchelgrün klein schneiden. Den Hummus auf zwei Teller geben und den Fenchel mit den Kichererbsen darauf anrichten. Die Sauce und etwas **Olivenöl** darüberträufeln, mit dem Fenchelgrün garnieren und servieren.

Nährwerte pro Portion: 510 kcal - F 23 g, KH 45 g, B 8 g, EW 17 g

Hummus Nährwerte pro Portion: 261 kcal - F 11 g, KH 21 g, B 9 g, EW 12 g

TIPP

Jeder kennt Hummus, aber du hast ihn noch nie so cremig wie mit diesen Tipps hinbekommen: Vorgekochte Kichererbsen aus der Dose sollten noch mal 15 Minuten aufgekocht werden, bis sie ihre Häute verlieren, die dann abgeschöpft werden können. Eventuell die Kichererbsen noch mal ein bisschen gegeneinander drücken und bewegen, um die Häute zu lösen. Die Kichererbsen warm und mit confiertem Knoblauch, etwas Zitronensaft und Cumin im Mixer pürieren. Dabei statt Wasser einige Eiswürfel hinzugeben. Das Ergebnis ist ein Traum von Cremigkeit.

vegan, laktosefrei, glutenfrei, frei von raffiniertem Zucker

ITALIENISCHER BROTSALAT – PANZANELLA

Panzanella ist ein italienischer Brotsalat. Das hört sich nicht so spektakulär an, ist es aber. Entscheidend ist die Qualität der Zutaten. Also nimm nur die aromatischsten Tomaten, gutes Brot und gutes Olivenöl. Bei den Kapern würde ich in Salz eingelegte solchen in Essig vorziehen, da diese aromatischer sind. Allerdings müssen die Salzkapern vorher gut abgewaschen und am besten noch mindestens 15 Minuten gewässert werden.

Zubereitungszeit 20 Minuten plus Abkühlzeit

Für 2 Personen

5 reife Tomaten (falls erhältlich, auch gern bunte Tomaten, insgesamt ca. 300 g)
Salz
ca. 100 g Weißbrot vom Vortag (z. B. Ciabatta oder Baguette)
1 Knoblauchzehe
2–3 EL Olivenöl zum Braten plus 3 EL gutes Olivenöl
schwarzer Pfeffer aus der Mühle
ca. 10 Basilikumblätter
2 EL eingelegte Kapern, abgetropft (alternativ Salzkapern, abgebraust, 15 Minuten gewässert, abgegossen und abgetropft)
1 EL Rotweinessig

Tomaten waschen, Stielansätze entfernen, Tomaten halbieren und in Spalten schneiden. In eine Schüssel geben, **salzen** und beiseitestellen. • Das **Brot** mit der Rinde grob in Würfel schneiden. **Knoblauchzehe** ungeschält andrücken. 2 EL **Olivenöl** in einer Pfanne erhitzen und die Brotwürfel darin mit dem Knoblauch unter gelegentlichem Wenden goldgelb anbraten. Bei Bedarf noch etwas **Olivenöl** dazugeben, sodass das Brot rundum schön knusprig wird. Vom Herd nehmen, mit **Salz** und **Pfeffer** würzen und abkühlen lassen. • **Basilikum** abbrausen, trocken schütteln, Blätter abzupfen und zu den Tomaten geben, dabei größere Basilikumblätter zerzupfen. **Kapern** hinzufügen. Abgekühlte Brotwürfel dazugeben, mit gutem **Olivenöl** und **Essig** beträufeln, mit **Salz** und **Pfeffer** würzen und gut durchmischen – fertig ist ein großartiger Salat, der beeindruckt.

Nährwerte pro Portion: 402 kcal – F 26 g, KH 30 g, B 4 g, EW 7 g

TIPP

Der Brotsalat sollte frisch gegessen werden, sonst weichen die Brotwürfel zu sehr auf. Wer aus dem Salat eine vollwertige Mahlzeit machen möchte, kann noch eine Dose abgebrauste und abgetropfte weiße Bohnen hinzufügen. Dann eventuell noch etwas mehr Öl und Essig verwenden.

vegan, laktosefrei, frei von raffiniertem Zucker

MERCIMEK KÖFTESI – LINSEN-BULGUR-KÖFTE

Mercimek köftesi ist in der Türkei ein beliebtes Gericht. Bei uns kennt man es kaum, was sehr schade ist, denn diese Köfte schmecken extrem gut. Sie werden kalt gegessen – ein perfektes Gericht also für den Sommer – und sie lassen sich ohne Probleme im Voraus zubereiten.

Zubereitungszeit 30 Minuten plus ca. 20 Minuten Garzeit

Für 2 Personen

125 g rote Linsen
125 g feiner Bulgur
1 Zwiebel
50 ml Olivenöl
Salz
schwarzer Pfeffer aus der Mühle
½ TL gemahlener Kreuzkümmel (Cumin)
1 TL Pul Biber (siehe Tipp)
1 TL Tomatenmark
1 TL Paprikamark (süß oder scharf, je nach Geschmack)
1 Römersalat
½ Bund glatte Petersilie
2 Frühlingszwiebeln
1 TL Zitronensaft
1 Biozitrone

Linsen in ein Sieb geben, kalt abbrausen und abtropfen lassen. Dann mit 450 ml Wasser in einen Topf geben, abdecken und so lange kochen, bis sie sehr weich sind und zerfallen – das dauert etwa 20 Minuten. • **Bulgur** unter die weichen Linsen rühren, vom Herd nehmen und abgedeckt 30 Minuten ziehen lassen. • In der Zwischenzeit die **Zwiebel** schälen und würfeln. Eine Pfanne erhitzen, **Olivenöl** hinzugeben und die Zwiebeln darin anschwitzen, bis sie weich sind. Mit **Salz** und **Pfeffer** würzen, **Kreuzkümmel, Pul Biber, Tomaten-** und **Paprikamark** dazugeben, noch 1–2 Minuten anschwitzen und vom Herd nehmen. • Die Linsen-Bulgur-Masse in eine Schüssel füllen, die Zwiebelmischung hinzufügen und etwas abkühlen lassen. • Währenddessen den **Salat** in Blätter zerteilen, waschen, trocken schleudern und einen großen Teller damit auslegen. • **Petersilie** waschen, trocken schütteln, Blätter abzupfen und klein schneiden. **Frühlingszwiebeln** waschen, putzen, in feine Scheiben schneiden und mit der Petersilie in die Schüssel geben. **Zitronensaft** darüberträufeln, mit **Salz** und **Pfeffer** würzen und die Masse mit den Händen einige Minuten gut durchkneten. • Kleine Portionen von der Masse abstechen und in der Hand so formen, dass kleine längliche Köfte entstehen, bei denen man die Fingerabdrücke sehen soll. Die Köfte auf die Salatblätter legen. **Zitrone** in Spalten schneiden und darauf verteilen. • Die Köfte isst man, indem man sie auf ein Salatblatt legt, mit Zitronensaft beträufelt und dann genießt.

Nährwerte pro Portion: 694 kcal – F 27 g, KH 84 g, B 17 g, EW 25 g

TIPP

Pul Biber sind zerstoßene getrocknete Chilis, die es von süßlich-mild bis scharf gibt. Du bekommst die roten Gewürzflocken zum Beispiel in türkischen Läden, wo du übrigens auch Paprikamark kaufen kannst. Sei nur vorsichtig: Ziehe beim Kneten Handschuhe an, sodass deine Hände sich nicht rot verfärben!

CIABATTA-SANDWICH

Sandwiches werden in der Regel nicht zu den kulinarischen Genüssen gerechnet, aber ein gut gemachtes Sandwich ist meiner Meinung nach eine absolut köstliche Sache. Mit frischem Brot und den richtigen Zutaten lässt sich schnell etwas Außergewöhnliches zaubern. Wichtig ist, dass die Zutaten eine gute Qualität haben.

Zubereitungszeit 20 Minuten (ohne Ciabatta, Hummus und Paprika)

Für 2 Personen

2 Ciabatta-Brötchen (siehe Seite 156; alternativ gekaufte Brötchen oder Brot)
1–2 EL Olivenöl
50 g Rucola
1 Avocado
4 EL Hummus (siehe Seite 69)
Salz
schwarzer Pfeffer aus der Mühle
1 geröstete Paprika in Stücken (siehe Seite 114; alternativ Paprika aus dem Glas)
1 Kugel qualitativ guter Mozzarella oder Burrata (125 g)
1–2 TL Zitronensaft

Ciabatta-Brötchen halbieren, die Schnittflächen mit dem **Olivenöl** bestreichen und in einer Pfanne anrösten. Etwas abkühlen lassen. • Inzwischen den **Rucola** waschen und trocken schleudern. **Avocado** längs halbieren, entkernen, das Fruchtfleisch mit einem Löffel auslösen und in Scheiben schneiden. • **Hummus** auf den Schnittflächen der Brötchen verstreichen und Avocadoscheiben auf den unteren Brötchenhälften verteilen. Mit **Salz** und **Pfeffer** würzen und mit den **Paprikastücken** belegen. • **Mozzarella** in Scheiben schneiden und darauf anrichten (falls Burrata verwendet wird, diese einfach in Stücke reißen). Rucola darüber verteilen, mit **Zitronensaft** beträufeln – fertig ist ein richtig gutes Sandwich!

Nährwerte pro Portion: 800 kcal – F 51 g, KH 56 g, B 6 g, EW 25 g

TIPP

Anstelle von Hummus eignet sich auch Pesto richtig gut. Ein leckeres Rezept dafür findest du auf Seite 27. Hier kannst du komplett kreativ werden. Ciabatta-Brötchen lassen sich erstaunlich leicht und unglaublich lecker selbst backen. Ein Rezept findest du auf Seite 156.

SALAT MIT GERÖSTETEM BLUMENKOHL UND MARINIERTEN ROTEN ZWIEBELN

Dieser Salat wird in deinem Gaumen ein Feuerwerk der Aromen entfachen. Durch den gerösteten Blumenkohl, die eingemachten Zwiebeln und die frische Minze ist dieser Salat alles andere als langweilig. Überzeuge dich selbst!

Zubereitungszeit 30 Minuten plus Abkühlzeit

Für 2 Personen

Für das Gemüse

1 kleine rote Zwiebel
Salz
5 EL Weißweinessig
2 TL Zucker
1 kleiner Blumenkohl (ca. 600 g)
2 EL Olivenöl
10 Kirschtomaten (ca. 150 g)
2-3 Stängel Minze

Für das Dressing

Saft von 1 Zitrone
1 TL Honig
1 TL Senf (z. B. Dijonsenf)
Salz
schwarzer Pfeffer aus der Mühle
8-9 EL Olivenöl

Für das Gemüse die **Zwiebel** schälen, halbieren, in möglichst feine Streifen schneiden, in eine Schüssel geben und etwas **salzen. Essig** und **Zucker** in einen kleinen Topf geben, einmal kurz aufkochen, über die Zwiebelstreifen gießen und beiseitestellen. • **Blumenkohl** waschen, putzen und in kleine Röschen zerteilen. Eine Pfanne erhitzen, **Olivenöl** zugießen, den Blumenkohl mit etwa 50 ml Wasser hineingeben und abgedeckt kurz dämpfen. Wenn das Wasser verdampft ist, den Deckel abnehmen, den Blumenkohl **salzen** und rundum unter gelegentlichem Wenden gut anrösten. Er soll wirklich Farbe und Röstaromen entwickeln, also nicht zu schüchtern mit der Hitze sein. Aus der Pfanne nehmen und abkühlen lassen. • **Tomaten** waschen und halbieren. **Minze** abbrausen, trocken schütteln und die Blätter abzupfen. • Für das Dressing **Zitronensaft, Honig** und **Senf** in eine Schüssel geben, mit **Salz** und **Pfeffer** würzen und mit dem Schneebesen verrühren. Dann das **Olivenöl** unter Rühren langsam einträufeln. • Abgekühlten Blumenkohl in die Schüssel zum Dressing geben, Tomaten und Minze hinzufügen. Die Zwiebelstreifen aus dem Sud heben und ebenfalls dazugeben. Gut vermengen und bei Bedarf mit **Salz** und **Pfeffer** nachwürzen – fertig ist ein erfrischender Salat!

Nährwerte pro Portion: 491 kcal – F 42 g, KH 18 g, B 10 g, EW 9 g

laktosefrei, glutenfrei

GEFÜLLTE CHAMPIGNONS MIT RICOTTA UND SONNENGETROCKNETEN TOMATEN

Gefüllte und überbackene Pilze sind fast ein Klassiker. Sie lassen sich auf verschiedenste Weise füllen – beispielsweise wie hier mit einer aromatischen Kombination aus Ricotta, Kräutern, getrockneten Tomaten, Walnüssen, Zwiebeln und Bröseln, abgerundet mit Zitronenabrieb.

Zubereitungszeit 30 Minuten plus 20–30 Minuten Backzeit

Für 2 Personen

3–4 Zweige Thymian
2 Zweige Rosmarin
20 g Panko (grobe Semmelbrösel)
2 Knoblauchzehen (oder 2–3 Zehen Knoblauch-Confit, siehe Seite 159)
8–10 EL Olivenöl
4–6 große Champignons (alternativ 2 Portobello-Pilze)
1 Zwiebel
Salz
schwarzer Pfeffer aus der Mühle
125 g Ricotta (45 % Fett)
5 getrocknete Tomaten in Öl
abgeriebene Schale von ½ Biozitrone
5 Stängel glatte Petersilie
50 g Walnusskerne
20 g Parmesan

Den Backofen auf 180 °C Ober-/Unterhitze vorheizen. • **Thymian** und **Rosmarin** abbrausen, mit Küchenpapier gut trocken tupfen, Blätter bzw. Nadeln abstreifen und fein hacken. Die Hälfte der Kräuter mit dem **Panko** in einen Multizerkleinerer geben, kurz durchmixen und beiseitestellen. • Restliche Kräuter in ein Mixgefäß geben. **Knoblauchzehen** schälen, klein schneiden (Knoblauch-Confit ganz lassen), mit 6–8 EL **Olivenöl** in das Mixgefäß geben und mit dem Stabmixer zu Kräuteröl mixen. • **Pilze** mit Küchenpapier säubern und die Stiele herausdrehen. Mit einem kleinen Messer den Rand der Pilzkappen unten leicht abschneiden und mit einem Teelöffel die Lamellen entfernen. Stiele und Abschnitte klein hacken. • **Zwiebel** schälen und möglichst fein würfeln. Eine Pfanne erhitzen, restliches **Olivenöl** hineingeben, Zwiebeln und gehackte Pilzteile darin langsam anbraten, dann mit **Salz** und **Pfeffer** würzen. Wenn die Flüssigkeit verdampft ist und die Mischung etwas Farbe angenommen hat, 1 EL vom Kräuteröl dazugeben und kurz erhitzen. Den Pfanneninhalt auf einen Teller geben und etwas abkühlen lassen. • Inzwischen **Ricotta** in eine Schüssel geben. **Tomaten** grob klein hacken und mit **Zitronenabrieb** zum Ricotta geben. **Petersilie** abbrausen, trocken schütteln, Blätter klein schneiden und hinzufügen. **Walnüsse** fein hacken, **Parmesan** reiben und beides dazugeben. Die Zwiebelmischung hineingeben, gut mit **Salz** und **Pfeffer** würzen und vermengen. • Pilzkappen von beiden Seiten mit dem restlichen Kräuteröl einpinseln und mit **Salz** und **Pfeffer** würzen. Dann die Füllung hineingeben, auf ein Blech (alternativ Auflaufform oder ofenfeste Pfanne) setzen, die Panko-Mischung darübergeben und im vorgeheizten Ofen auf der mittleren Schiene 25–30 Minuten backen.

Nährwerte pro Portion: 788 kcal – F 71 g, KH 18 g, B 2 g, EW 20 g

PANKO Panko sind japanische Semmelbrösel, die aus Weißbrot ohne Kruste hergestellt werden und in der Körnung deutlich gröber sind als das herkömmliche Paniermehl.

TIPP

Wenn du Panko bereits kennst, wirst du mir zustimmen, wenn ich sage, dass es viel knuspriger als eine einfache Panade ist. Wenn du es nicht kennst, musst du dich unbedingt überzeugen lassen! Das Gericht eignet sich sehr gut als Vorspeise.

QUINOA-SALAT MIT ROTER BETE UND AVOCADO

Quinoa liegt voll im Trend. Und das zu Recht. Sie lässt sich vielseitig zubereiten, ist reich an Protein und schmeckt sehr gut. Die Körner bilden hier die Basis für einen leckeren Salat.

Zubereitungszeit 20 Minuten plus ca. 15 Minuten Garzeit

Für 2 Personen

Für den Salat

100 g Quinoa
200 ml Gemüsebrühe (siehe Seite 160; alternativ gekaufte Gemüsebrühe)
Salz
schwarzer Pfeffer aus der Mühle
1 Avocado
2 vakuumverpackte gegarte Rote Beten
100 g Wildkräutermischung (alternativ Salatblättermischung)

Für das Dressing

1-cm-Stück Ingwer
3 EL Limettensaft
1 TL Honig
1 EL Sojasauce
2 EL Gemüsebrühe (siehe Seite 160; alternativ gekaufte Gemüsebrühe)
Salz
schwarzer Pfeffer aus der Mühle
70 ml Olivenöl

Für den Salat die **Quinoa** in ein feines Sieb geben, mit heißem Wasser abbrausen, abtropfen lassen und in einen kleinen Topf geben. Mit der **Brühe** übergießen, mit **Salz** und **Pfeffer** würzen, einmal aufkochen lassen, dann auf sehr niedrige Hitze reduzieren, abdecken und etwa 15 Minuten ziehen lassen. Falls noch Flüssigkeit vorhanden ist, durch ein Sieb abgießen und abkühlen lassen. • Inzwischen die **Avocado** halbieren, entkernen, das Fruchtfleisch mit einem Löffel herauslösen und in kleine Würfel schneiden. **Rote Beten** schälen und ebenfalls in kleine Würfel schneiden. **Salat** waschen, trocken schleudern und alles in eine Schüssel geben. • Für das Dressing **Ingwer** schälen, fein reiben und in eine kleine Schüssel geben. **Limettensaft, Honig, Sojasauce** und **Brühe** mit etwas **Salz** und **Pfeffer** hineingeben und mit einem Schneebesen verquirlen. Dann das **Olivenöl** unter ständigem Rühren einträufeln lassen. • Abgekühlte Quinoa zur Salatmischung geben, das Dressing darüberträufeln und gut vermischen. In zwei Schalen füllen und genießen.

Nährwerte pro Portion: 763 kcal – F 60 g, KH 44 g, B 12 g, EW 12 g

GEGARTE ROTE BETEN Falls du die Roten Beten selbst garen möchtest, es ist ganz leicht: Knollen gut waschen, ungeschält in einen Topf geben, mit Wasser bedecken, zum Kochen bringen und je nach Größe der Knollen 35–50 Minuten köcheln lassen. Abgießen, fertig! Sie halten sich im Kühlschrank einige Tage, sodass du welche auf Vorrat hast.

TIPP

Damit die Rote Bete während des Kochens nicht ihre Farbe verliert, hilft 1 TL Backpulver. Dadurch bleibt das kräftige Rot erhalten und die Bete sieht selbst nach dem Kochen noch lecker und fruchtig aus.

laktosefrei, frei von raffiniertem Zucker

OFENGERÖSTETE ZUCCHINI MIT TOMATEN-BOHNEN-RAGOUT

Ein wunderbar aromatisches Gericht, das trotz weniger Zutaten ein Lächeln auf dein Gesicht zaubern wird. So schmeckt der Sommer. Dazu ein schönes Glas Weißwein und du brauchst keinen Urlaub mehr.

Zubereitungszeit 25 Minuten

Für 2 Personen

Für die Ofen-Zucchini

2 Zucchini
2 EL Olivenöl
Salz
schwarzer Pfeffer aus der Mühle

Für das Ragout

2 Tomaten
1 Schalotte
1 Knoblauchzehe
2 EL Olivenöl
100 ml trockener Weißwein
1 Dose weiße Riesenbohnen (240 g Abtropfgewicht)
1 Zweig Thymian
Salz
schwarzer Pfeffer aus der Mühle
2 Basilikumblätter

Den Backofen auf 180 °C Umluft vorheizen. • Die **Zucchini** waschen, längs halbieren und die Schnittflächen rautenförmig einschneiden. Eine (möglichst ofenfeste) Pfanne erhitzen, **Öl** zugießen, Zucchini mit den Schnittflächen hineingeben und so lange anbraten, bis sie schön braun sind. • Erst dann mit **Salz** und **Pfeffer** würzen, wenden, sodass die Schnittflächen oben liegen, ebenfalls **salzen** und **pfeffern,** dann die Pfanne (alternativ ein Backblech verwenden) in den vorgeheizten Ofen auf die mittlere Schiene schieben und etwa 15 Minuten backen. • Inzwischen für das Ragout **Tomaten** waschen, Stielansätze entfernen und die Haut kreuzweise einritzen. In eine Schüssel geben und mit kochendem Wasser übergießen. Nach etwa 10 Sekunden abgießen, mit kaltem Wasser abschrecken und die Haut abziehen. Tomaten halbieren, in Spalten schneiden und entkernen. • **Schalotte** schälen und klein würfeln. **Knoblauchzehe** schälen und fein hacken. Beides mit 1 EL **Öl** in eine kleinere Pfanne (oder Topf) geben, 1–2 Minuten anschwitzen und mit **Weißwein** ablöschen. **Bohnen** in ein Sieb abgießen, abbrausen, kurz abtropfen lassen und einrühren. **Thymian** abbrausen, trocken schütteln, dazugeben und mit **Salz** und **Pfeffer** würzen. So lange kochen, bis der Wein fast vollständig verdampft ist. • Kurz vor Garzeitende die Tomaten dazugeben, mit restlichem **Öl** beträufeln und noch mal kurz durchschwenken. **Basilikum** waschen, nach Belieben in Streifen schneiden und zugeben. • Die Zucchini aus dem Ofen nehmen. Das Ragout auf zwei Teller verteilen und jeweils zwei Zucchini-Hälften darauf anrichten.

Nährwerte pro Portion: 446 kcal – F 27 g, KH 26 g, B 31 g, EW 11 g

TIPP

Wenn du das Gericht lieber ohne Alkohol kochen möchtest, ist das kein Problem. Eine leckere Variante ist, stattdessen Gemüsebrühe und 1 EL Weißweinessig zu verwenden. Zum Ablöschen solltest du erst nur den Weißweinessig nutzen und dann die Brühe hinzugeben.

vegan, laktosefrei, glutenfrei, frei von raffiniertem Zucker

SPARGEL-NUDEL-SALAT

Dieser Spargelsalat mit Nudeln schmeckt richtig gut und ist supereinfach und schnell zubereitet. Der Spargel bleibt knackig und sehr aromatisch. Probiere es aus!

Zubereitungszeit 25 Minuten plus Abkühlzeit

Für 2 Personen (als Hauptgericht)

Für Pasta und Spargel

Salz
250 g Pasta (z. B. Farfalle)
500 g weißer Spargel
2 EL Olivenöl
10 Kirschtomaten (ca. 150 g)
1 Bund glatte Petersilie (oder Kerbel)

Für das Dressing

150 g Crème fraîche (30 % Fett)
1 EL Olivenöl
1 TL abgeriebene Biozitronenschale
1–2 EL Zitronensaft
1 TL Honig
Salz
schwarzer Pfeffer aus der Mühle

Für die Nudeln reichlich Wasser in einem Topf zum Kochen bringen, gut **salzen,** die **Pasta** hineingeben und nach Packungsangaben al dente kochen. • Währenddessen den **Spargel** schälen und die trockenen Enden nur dünn abschneiden. Dann die Stangen schräg in etwa 5 mm dünne Scheiben schneiden und dickere Spargelspitzen längs halbieren. • Eine Pfanne erhitzen, 1 EL **Olivenöl** hineingeben und den Spargel darin scharf anbraten, bis er Farbe bekommen hat, dabei zwischendurch **salzen.** • In der Zwischenzeit die Pasta in ein Sieb abgießen, auf einem Backblech verteilen, mit dem restlichen **Olivenöl** beträufeln, gut durchmischen und abkühlen lassen. • Den Spargel aus der Pfanne zum Abkühlen auf einen Teller geben. • Für das Dressing **Crème fraîche, Olivenöl, Zitronenabrieb, Zitronensaft** und **Honig** mit etwas **Salz** und **Pfeffer** in eine Schüssel geben und mit dem Schneebesen vermischen. Bei Bedarf mit **Salz** und **Pfeffer** nachwürzen. • **Kirschtomaten** waschen, halbieren und mit dem Spargel zum Dressing in die Schüssel geben. **Petersilie** abbrausen, Blätter abzupfen, nach Belieben hacken und hinzufügen. Zuletzt die Pasta hineingeben und gut durchmischen – fertig ist ein außergewöhnlicher Salat mit Spargel pur.

Nährwerte pro Portion: 861 kcal – F 39 g, KH 109 g, B 4 g, EW 23 g

TIPP

Spargel lässt sich viel leckerer in der Pfanne oder im Ofen zubereiten statt traditionell im kochenden Wasser. So bleibt er sowohl geschmacksintensiver als auch bissiger, denn er verliert seinen Geschmack nicht an das Wasser und zerkocht auch nicht. Die Spargelenden und die Schale eignen sich übrigens wunderbar für einen Spargelfond.

MEDITERRANER KARTOFFELSALAT MIT BASILIKUMPESTO

Dieser Kartoffelsalat schmeckt wie Urlaub am Mittelmeer. Kartoffeln und Pesto harmonieren wunderbar und machen aus einem einfachen Salat ein Geschmackserlebnis.

Zubereitungszeit 20 Minuten plus ca. 15 Minuten Garzeit

Für 2 Personen

Für den Salat

500 g Drillinge oder andere festkochende Kartoffeln
Salz
50 g sonnengetrocknete Tomaten in Öl, abgetropft
50 g entsteinte schwarze Oliven
2 EL Weißweinessig (oder heller Balsamico-Essig)
schwarzer Pfeffer aus der Mühle

Für das Pesto

2 EL Pinienkerne (alternativ Sonnenblumenkerne oder Kürbiskerne)
½ Bund Basilikum
20 g Parmesan
Salz
schwarzer Pfeffer aus der Mühle
80 ml Olivenöl

Für den Salat die **Kartoffeln** waschen, ungeschält in einen Topf geben, mit Wasser bedecken und zum Kochen bringen. Dann gut **salzen** und gar kochen. Abgießen, etwas abkühlen lassen, noch sehr warm pellen, in nicht zu dünne Scheiben schneiden und in eine Schüssel geben. Abkühlen lassen. • Inzwischen für das Pesto die **Pinienkerne** in einer Pfanne ohne Fett leicht anrösten (den Vorgang beobachten, denn sie verbrennen schnell). • **Basilikum** abbrausen, trocken schütteln und Blätter abzupfen. Einige Blätter zum Garnieren beiseitelegen, restliche Blätter in ein Mixgefäß geben. **Parmesan** reiben und mit der Hälfte der Pinienkerne dazugeben. Mit **Salz** und **Pfeffer** würzen, das **Öl** hineingeben und mit dem Stabmixer pürieren. • **Tomaten** in Streifen schneiden und in die Schüssel mit den abgekühlten Kartoffelscheiben geben. **Oliven** im Ganzen hinzufügen oder nach Belieben halbieren. • Pesto mit dem **Essig** darübergeben, mit **Salz** und **Pfeffer** würzen und gut durchmischen. Den Kartoffelsalat auf zwei Teller geben, die restlichen Pinienkerne darüberstreuen und mit den beiseitegelegten Basilikumblättern garnieren.

Nährwerte pro Portion: 730 kcal – F 55 g, KH 47 g, B 7 g, EW 12 g

VARIANTEN MIT RUCOLAPESTO ODER BÄRLAUCHPESTO Der Salat lässt sich auch mit Rucola- oder Bärlauchpesto zubereiten. Dafür einfach die gleiche Menge Rucola oder Bärlauch waschen, trocken schütteln, klein schneiden und wie oben angegeben zu Pesto verarbeiten.

TIPP

Da das Auge bekanntlich mitisst, solltest du die Kartoffeln erst nach dem Abkühlen mit dem Pesto vermischen, denn sonst läufst du Gefahr, dass das Pesto seine grüne Farbe verliert. Wenn das Pesto sogar noch grüner werden soll, solltest du kalt gestelltes Olivenöl verwenden (etwa 30–60 Minuten kalt stellen).

laktosefrei, glutenfrei, frei von raffiniertem Zucker

HERZHAFTE WAFFELN MIT GEMÜSE

Alle kennen und lieben Waffeln. Weniger bekannt ist die herzhafte Version, die aber ein supereinfaches und leckeres Essen ist. Auch kleine Kinder bekommt man auf diese Weise ganz gut dazu, Gemüse zu essen.

Zubereitungszeit 20 Minuten plus ca. 20 Minuten Backzeit

Ergibt 6 Waffeln

Für die Waffeln

1 Zucchini
1 Karotte
Salz
125 g weiche Butter
4 Eier (Größe M)
125 ml Milch (3,5 % Fett)
125 g Dinkelmehl (Type 630)
125 g Dinkelvollkornmehl
½ Pck. Backpulver (8 g)
schwarzer Pfeffer aus der Mühle
1 TL edelsüßes Paprikapulver
1 kleine Dose Mais (140 g Abtropfgewicht)
100 g Schafskäse (z. B. Feta, 45 % Fett)
Sonnenblumen- oder Rapsöl zum Einfetten (oder Trennspray)

Für den Dip

2-3 Stängel Dill
200 g Joghurt Natur (3,5 % Fett)
Salz
schwarzer Pfeffer aus der Mühle

Außerdem

Waffeleisen

Zucchini putzen, waschen und grob in eine Schüssel reiben. **Karotte** schälen und ebenfalls grob reiben. Dann leicht **salzen,** durchmischen und beiseitestellen. • **Butter** in eine Schüssel geben und mit dem Handrührgerät kurz aufschlagen. **Eier** einrühren, dann etwa die Hälfte der **Milch** dazugeben. • Beide **Mehle** mit **Backpulver,** 4 g **Salz,** etwas **Pfeffer** und **Paprikapulver** vermischen, zur Buttermasse geben und mit einem Holzlöffel verrühren, dabei bei Bedarf die restliche **Milch** dazugeben. Der Teig sollte weich, aber nicht flüssig sein. • Gemüseraspel gut mit den Händen auspressen und zum Teig geben. **Mais** in ein Sieb geben, abbrausen, kurz abtropfen lassen und ebenfalls dazugeben. **Schafskäse** gut mit kaltem Wasser abwaschen und in den Teig bröseln. Alles gut durchmischen und nochmals abschmecken. (Wer die rohe Masse nicht probieren möchte, kann einfach eine kleine Probe in einer Pfanne braten.) • Das Waffeleisen vorheizen. Mit etwas **Öl** einpinseln (meist nur bei der ersten Waffel nötig). Ein Sechstel des Teigs hineingeben und die Waffel goldbraun backen. Auf die gleiche Weise fünf weitere Waffeln backen. • Inzwischen für den Dip den **Dill** abbrausen, trocken schütteln, fein hacken und in eine Schüssel geben. **Joghurt** dazugeben, vermischen und mit **Salz** und **Pfeffer** abschmecken. Fertig! • Die Waffeln mit dem Dip servieren und frisch genießen.

Nährwerte pro Stück: 451 kcal – F 26 g, KH 36 g, B 6 g, EW 30 g

VARIANTE OHNE SCHAFSKÄSE Alternativ schmecken die Waffeln auch ohne Schafskäse sehr gut. Einfach den Käse weglassen, dafür etwas mehr Salz verwenden und 1 TL Currypulver dazugeben.

TIPP

Für kleine wählerische Esser eignen sich diese Waffeln hervorragend als Versteck einer gesunden Gemüsegabe. Wer kein Waffeleisen zu Hause hat, kann den Teig einfach in der Pfanne als kleine Bratlinge ausbacken, das schmeckt genauso gut.

KAROTTENSALAT MIT ORANGEN-HONIG-DRESSING

Dieser Karottensalat ist kein neues Rezept. Im Gegenteil. Das ist ein uralter Klassiker, einfach superlecker, erfrischend und unwiderstehlich. Manche geben noch geriebenen Apfel, Walnüsse oder geröstete Sonnenblumenkerne hinein. Ich allerdings liebe ihn in seiner Einfachheit. Also unbedingt ausprobieren!

Zubereitungszeit 15 Minuten plus 30 Minuten Ruhezeit

Für 2 Personen

6 Karotten (insgesamt ca. 550 g)
2 Orangen
1 Zitrone
2 EL Raps- oder Sonnenblumenöl
1 TL Honig
Salz
2 EL Sonnenblumenkerne (oder Walnusskerne; nach Belieben)

Die **Karotten** schälen und auf einer Vierkantreibe fein in eine Schüssel reiben. • **Orangen** und **Zitrone** auspressen und den Saft über die Karottenraspel gießen. **Öl** und **Honig** hinzufügen, mit **Salz** würzen und gut vermengen. Karottensalat abdecken und dann vor dem Servieren 30 Minuten im Kühlschrank ziehen lassen. • Inzwischen nach Belieben die **Sonnenblumenkerne** in einer kleinen Pfanne ohne Fett rösten und abkühlen lassen. (Wer Walnüsse verwendet, lässt sie ungeröstet und hackt sie grob.) • Den Salat auf zwei Schalen aufteilen, mit den Sonnenblumenkernen (oder Walnüssen) garnieren und genießen.

Nährwerte pro Portion: 363 kcal – F 16 g, KH 39 g, B 16 g, EW 6 g

VARIANTE: KAROTTEN-APFEL-SALAT 2 Karotten weniger verwenden, dafür zusätzlich 1 Apfel (200 g) ungeschält fein mit in die Schüssel zu den Karotten reiben, mischen und wie oben angegeben fortfahren.

TIPP

Dieses Gericht schmeckt noch besser, wenn du die Karotten so fein wie möglich reibst, denn nur so tritt genügend Saft aus, was den Salat so unfassbar lecker macht.

laktosefrei, glutenfrei, frei von raffiniertem Zucker

EINFACH MAL WAS DEFTIGES

Deftiges Essen bedeutet nicht automatisch Fleisch. Auch vegetarische Gerichte können den Wunsch nach deftigen Speisen wunderbar erfüllen – und das ganz ohne Fleischersatzprodukte. Bestimmte Gemüsesorten und die Art der Zubereitung schaffen herzhafte Aromen und einen vollen Geschmack.

ZWIEBELKUCHEN

Zwiebelkuchen wird gern in den Weinregionen in der Zeit der Weinernte gegessen. Ich zeige dir eine schnelle Variante mit einem fertigen Mürbeteig.

Zubereitungszeit 30 Minuten plus 35–40 Minuten Backzeit

Für 6 Personen

Butter zum Einfetten (oder Pflanzenöl)
1 Rolle Quiche- oder Mürbeteig (300 g, Ø 32 cm, Fertigprodukt)
5 große Zwiebeln (insgesamt ca. 700 g)
3 EL Öl (z. B. Sonnenblumen- oder Rapsöl)
Salz
schwarzer Pfeffer aus der Mühle
2 Zweige Thymian
250 g Sahne
3 Eier (Größe M)
1 Prise frisch geriebene Muskatnuss
100 g Käse (z. B. Gouda oder Bergkäse)

Außerdem:
Quicheform (Ø 28 cm; alternativ Springform)
ca. 500 g getrocknete Bohnen zum Blindbacken

Den Backofen auf 180 °C Ober-/Unterhitze vorheizen. • Die Quicheform mit **Butter** ausstreichen (funktioniert besser als Öl). Den **Teig** auf der Arbeitsfläche ausbreiten und die Form damit auskleiden. Überstehenden Teig mit dem Messer abschneiden oder einfach mit dem Nudelholz über den Rand rollen. Einen Bogen Backpapier auf den Teig legen, mit getrockneten Bohnen beschweren und im vorgeheizten Ofen auf der mittleren Schiene 10 Minuten vorbacken. Das Backpapier mit den Linsen entfernen und noch weitere 5 Minuten backen. • Inzwischen die **Zwiebeln** schälen und in dünne Streifen schneiden. Eine Pfanne erhitzen, **Öl** dazugießen, Zwiebeln hineingeben, mit **Salz** und **Pfeffer** würzen und langsam anschwitzen – das dauert etwa 10 Minuten. Sie sollen weich sein, aber nur wenig Farbe bekommen. **Thymian** abbrausen, trocken schütteln, die Blätter abstreifen und zu den Zwiebeln geben. • **Sahne** und **Eier** in ein Mixgefäß geben, mit **Salz, Pfeffer** und **Muskatnuss** würzen und mit dem Stabmixer einmal kurz aufmixen. Den **Käse** reiben. • Die Form aus dem Ofen nehmen, die Zwiebeln auf dem vorgebackenen Teig verteilen und die Sahnemischung darübergießen. Mit Käse bestreuen, wieder in den Ofen geben und noch 35–40 Minuten backen, bis der Zwiebelkuchen schön goldgelb ist. • Herausnehmen, kurz abkühlen lassen, dann in Stücke schneiden und genießen.

Nährwerte pro Portion: 325 kcal – F 24 g, KH 15 g, B 2 g, EW 11 g

TIPP

Für eine noch bessere Konsistenz des Zwiebelkuchens solltest du den Teig vorher blindbacken. Das heißt: Backe den Zwiebelkuchen zunächst ohne Füllung, denn so wird die Quiche auch am Boden schön knusprig. Ich lege dann immer noch getrocknete Linsen oder Bohnen (etwa 500 g) in die Form, sodass der Teig beschwert wird.

GEBRATENE NUDELN NACH CHINESISCHER ART MIT TOFU

Dieses Gericht macht richtig Laune und ist sehr einfach zuzubereiten. Das frische Gemüse kann man problemlos variieren, sodass die Bratnudeln zu einem abwechslungsreichen Gericht werden.

Zubereitungszeit 30 Minuten

Für 2 Personen

250 g Quick-Cooking-Nudeln (aus dem Asia-Laden)
4–6 EL Öl (z. B. Erdnuss-, Sesam- oder Sonnenblumenöl)
1 kleine Zwiebel
1 Knoblauchzehe
2-cm-Stück Ingwer
1 rote Chili
1 Karotte
2 Stangen Staudensellerie (nach Belieben)
3 Brokkoliröschen
2 Frühlingszwiebeln
2 Eier (Größe M)
3 EL Sojasauce
200 g fester Tofu Natur
1 TL Speisestärke
1 TL Zucker
1–2 TL geröstetes Sesamöl

Die **Nudeln** in einen Topf geben, mit kochendem Wasser übergießen und 5 Minuten ziehen lassen. In ein Sieb abgießen, mit 1 EL **Öl** beträufeln und durchmischen. • Inzwischen die **Zwiebel** schälen, halbieren und in feine Streifen schneiden. **Knoblauchzehe** schälen und fein hacken. **Ingwer** schälen und fein reiben. **Chili** waschen, entkernen und klein schneiden. **Karotte** schälen, schräg in möglichst große Scheiben schneiden und diese in dünne Stifte schneiden. Nach Belieben die **Selleriestangen** waschen, dabei die Blätter vorher entfernen, und schräg in feine Scheiben schneiden. **Brokkoliröschen** waschen und durch den Stiel längs in dünne Scheiben schneiden. **Frühlingszwiebeln** putzen, waschen und schräg in dünne Scheiben schneiden. • **Eier** mit 1 EL **Sojasauce** in eine Schüssel geben und mit einer Gabel verquirlen. • **Tofu** mit einem Küchentuch gut auspressen, in mundgerechte Stücke brechen, in eine andere Schüssel geben, die **Stärke** darüberstäuben und vermischen. • Einen Wok oder eine Pfanne erhitzen, 1 EL **Öl** hineingeben und den Tofu darin rundum knusprig anbraten. Herausnehmen und beiseitestellen. • Wieder 1 EL **Öl** in den Wok gießen, Zwiebeln, Knoblauch, Ingwer und Chili hineingeben und kurz anbraten. Dann Karotten, Sellerie und Brokkoli hinzufügen und 2–3 Minuten scharf anbraten. Bei Bedarf noch etwas **Öl** dazugießen. Nudeln dazugeben und 2–3 Minuten gut anbraten (eventuell nochmals **Öl** nachgießen). Den Tofu wieder hineingeben und mit restlicher **Sojasauce** und **Zucker** würzen. Eine kleine Ecke im Wok oder in der Pfanne frei machen, 1 EL **Öl** eingießen, die Eiermischung hineingeben und unter Rühren kurz anbraten, danach mit der Nudelmischung vermengen. • Zuletzt die Frühlingszwiebeln untermischen. Die fertigen Bratnudeln mit dem **Sesamöl** beträufeln, auf zwei Teller verteilen und genießen.

Nährwerte pro Portion: 739 kcal – F 17 g, KH 105 g, B 5 g, EW 40 g

TIPP

Diese gebratenen Nudeln sind das perfekte Gericht, um das Gemüsefach aufzuräumen. Hierzu schmeckt einfach alles köstlich. Achte nur darauf, dass du das Gemüse relativ dünn schneidest, damit es schnell gart. Falls es nicht gar wird, gib einfach einen Schuss Wasser oder Brühe hinzu, lege den Deckel auf und lass das Gemüse kurz dämpfen.

laktosefrei

TOFU-GESCHNETZELTES IN PILZRAHMSAUCE MIT RÖSTI

Ein traumhaft deftiges Gericht für einen gemütlichen Abend, vielleicht mit einem schönen Glas Weißwein dazu.

Zubereitungszeit 45 Minuten

Für 2 Personen

Für das Geschnetzelte

200 g fester Tofu Natur
1 TL edelsüßes Paprikapulver
Salz
schwarzer Pfeffer aus der Mühle
1–2 TL Speisestärke
1–2 EL Pflanzenöl

Für die Pilzrahmsauce

300 g braune Champignons (oder Kräuterseitlinge)
1 mittelgroße Zwiebel
1 Knoblauchzehe
1–2 EL Pflanzenöl
250 g Sahne
1 TL dunkle Misopaste
Salz
schwarzer Pfeffer aus der Mühle
2–3 Stängel glatte Petersilie
1–2 TL Zitronensaft

Für die Rösti

500 g festkochende Kartoffeln
Salz
schwarzer Pfeffer aus der Mühle
1 Prise frisch geriebene Muskatnuss
1 TL Speisestärke
2–3 EL Pflanzenöl

TIPP

Auch vegan schmeckt dieses Gericht super. Verwende statt Sahne einfach eine vegane Alternative. Du wirst keinen Unterschied schmecken.

Für das Geschnetzelte den **Tofu** mit einem Küchentuch oder Küchenpapier gut trocken pressen. In etwa walnussgroße Stücke brechen und in eine Schüssel geben. Mit **Paprikapulver,** etwas **Salz** und **Pfeffer** bestreuen und gut vermengen. **Speisestärke** darüberstreuen und erneut durchmischen. Eine Pfanne erhitzen, **Öl** hineingeben und den Tofu darin bei mittlerer Hitze langsam rundum schön knusprig anbraten. Das dauert 6–8 Minuten. • Währenddessen für die Pilzrahmsauce die **Champignons** mit einem Küchentuch säubern, die Stielenden etwas abschneiden und in Viertel schneiden. **Zwiebel** schälen und in feine Würfel schneiden. **Knoblauchzehe** schälen und hacken. • Den Tofu aus der Pfanne nehmen und beiseitestellen. In dieselbe Pfanne 1 EL **Öl** geben und die Pilze darin 3–4 Minuten goldbraun anbraten. Bei Bedarf noch etwas **Öl** nachgießen. Zwiebeln und Knoblauch hinzufügen und 2–3 Minuten mit anschwitzen. Dann mit **Sahne** ablöschen, **Misopaste** dazugeben, mit **Salz** und **Pfeffer** gut abschmecken und 2 Minuten köcheln lassen. Vom Herd nehmen. • Für die Rösti die **Kartoffeln** schälen und grob in eine Schüssel raspeln. In ein Küchentuch geben, zu einem Beutel drehen und gut auspressen. Zurück in die Schüssel geben, mit **Salz, Pfeffer** und **Muskatnuss** würzen. **Speisestärke** darüberstäuben und gut durchmischen. Eine Pfanne erhitzen, das **Öl** hineingeben, die Kartoffelmasse in kleinen Portionen ins heiße Öl geben, mit einem Holzlöffel zusammenschieben, damit abstehende Kartoffelstreifen nicht verbrennen. Dann langsam von beiden Seiten jeweils 3–4 Minuten goldbraun ausbacken. Zum Abtropfen auf Küchenpapier geben. • Inzwischen die Pfanne mit der Rahmsauce wieder auf den Herd setzen, Tofu dazugeben und 2–3 Minuten köcheln lassen. Eventuell noch etwas Wasser angießen, falls die Sauce zu dick wird. • **Petersilie** waschen, trocken schütteln und die Blätter in feine Streifen schneiden. • Das Geschnetzelte in Pilzrahmsauce vom Herd nehmen, Petersilie und **Zitronensaft** einrühren. Mit den Rösti auf zwei Tellern anrichten und genießen.

Nährwerte pro Portion: 733 kcal – F 47 g, KH 50 g, B 11 g, EW 27 g

glutenfrei, frei von raffiniertem Zucker

KÄSESPÄTZLE

Käsespätzle sind ein absoluter Klassiker. Man kann Spätzle auch kaufen, aber selbst gemachte schmecken unübertroffen gut. Und die Zubereitung ist eigentlich ganz einfach, wenn man eine Spätzlepresse oder einen Spätzlehobel zur Verfügung hat.

Zubereitungszeit 25 Minuten

Für 2 Personen

200 g Weizenmehl (Type 405 oder Type 550)
Salz
2 Eier (Größe M)
1 Prise frisch geriebene Muskatnuss
2 große Zwiebeln
ca. 25 g Butter
½ Bund Schnittlauch
schwarzer Pfeffer aus der Mühle
50 g geriebener Edamer (oder Gouda)
50 g geriebener Bergkäse
1–2 EL Röstzwiebeln (Fertigprodukt)

Außerdem:
Spätzlepresse oder Spätzlehobel (alternativ Küchenbrett; siehe Tipp)

Mehl und 2 g **Salz** in einer Schüssel vermischen und in der Mitte eine Mulde formen. **Eier** hineingeben und zunächst etwa 50 ml kaltes Wasser dazugießen. **Muskatnuss** darüberstreuen und alles mit einem Kochlöffel (oder mit der Hand) verrühren und schlagen, bis ein zähflüssiger Spätzleteig entstanden ist, der Blasen wirft, dabei nach Bedarf noch bis zu 30 ml Wasser einarbeiten. Abdecken und bis zur Verwendung ruhen lassen. • **Zwiebeln** schälen und in feine Streifen schneiden. Eine Pfanne erhitzen, **Butter** hineingeben, Zwiebeln hinzufügen, leicht **salzen** und auf mittlerer Stufe langsam anbraten, bis sie schön goldbraun sind. Das kann bis zu 10 Minuten dauern. • Inzwischen reichlich Wasser in einem großen Topf zum Kochen bringen. • **Schnittlauch** waschen, trocken schütteln und in feine Röllchen schneiden. • Das kochende Wasser leicht **salzen.** Den Spätzleteig durch die Spätzlepresse oder mit dem Spätzlehobel in das kochende Wasser geben und die Spätzle 1–2 Minuten gar ziehen lassen, bis sie an der Oberfläche schwimmen. Dann mit einem Schaumlöffel aus dem Wasser heben und direkt in die Pfanne zu den Zwiebeln geben. Vermengen, 1–2 Minuten braten und mit **Pfeffer** abschmecken. Beide **Käsesorten** darüberstreuen und langsam unterrühren, bis sie geschmolzen sind. Bei Bedarf noch mit **Salz** abschmecken. • Die Käsespätzle in zwei tiefe Teller geben, mit Schnittlauch und **Röstzwiebeln** bestreuen und genießen.

Nährwerte pro Portion: 775 kcal – F 35 g, KH 80 g, B 6 g, EW 33 g

PROFI-TRICK

Die Spätzle werden qualitativ besser und kleben nicht zusammen, wenn du sie in zwei Durchgängen garst. Wenn du sie authentisch zubereiten möchtest, schabst du den Teig von einem Küchenbrett ins kochende Wasser. Wie das genau funktioniert, zeige ich dir in meinem Video.

SPINATKNÖDEL MIT NUSSBUTTER

Knödel sind das perfekte Essen, wenn man ein paar Brötchen vom Vortag übrig hat. Sie sind einfach gemacht und schmecken köstlich. Das Besondere an diesem Rezept ist, dass es ohne Mehl auskommt. Dadurch schmecken die Knödel ganz leicht und fluffig.

Zubereitungszeit 30 Minuten plus 15 Minuten Ruhezeit und 10–15 Minuten Garzeit

Für 2–3 Personen (ergibt 10 Stück)

1 Zwiebel
1 Knoblauchzehe
20 g Butter
70 ml Milch (3,5 % Fett)
Salz
schwarzer Pfeffer aus der Mühle
1 Prise frisch geriebene Muskatnuss
200 g Brötchen vom Vortag (oder 200 g Knödelbrot)
400 g Spinat
2 Eier (Größe M)
50 g Quark (20 % Fett)
20 g Parmesan
50 g Nussbutter (siehe Seite 161)

TIPP

Wer einen Ofen mit Dampfgarer hat, kann die Knödel dämpfen. Funktioniert auch im Topf mit Dämpfeinsatz auf dem Herd oder im Reiskocher mit Einsatz. Wenn du das Gefühl hast, dass deine Knödelmasse zu weich ist, kannst du mehr Semmelbrösel hinzufügen, bis sie fest genug ist.

Zwiebel und **Knoblauchzehe** schälen und klein schneiden. **Butter** in einem kleinen Topf schmelzen, Zwiebeln und Knoblauch darin glasig anschwitzen. **Milch** dazugeben und einmal vorsichtig aufkochen. Vom Herd nehmen und gut mit **Salz, Pfeffer** und **Muskatnuss** abschmecken. • Die **Brötchen** in etwa 5 mm kleine Würfel schneiden (je kleiner sie sind, umso schöner wird die Form). In eine Schüssel geben, die heiße Milchmischung darübergießen, gut verrühren und 10 Minuten ziehen lassen. • In der Zwischenzeit **Spinat** waschen (bei Winterspinat dicke Stiele entfernen) und abtropfen lassen. Reichlich Wasser in einem Topf zum Kochen bringen und eine Schüssel mit sehr kaltem Wasser bereitstellen. Das kochende Wasser **salzen,** den Spinat hineingeben und etwa 30 Sekunden blanchieren. In ein Sieb abgießen und zum Abschrecken sofort in das eiskalte Wasser geben. Abgießen, den Spinat gut auspressen, mit dem Messer einmal darüberschneiden und in ein Mixgefäß geben. **Eier** und **Quark** hinzufügen, mit **Salz** und **Pfeffer** würzen und mit dem Stabmixer alles zu einer feinen Masse mixen. • Die Spinatmischung zum Brot geben und mit den Fingern gut durchmischen – nicht kneten, sondern nur locker mit den Fingerspitzen mischen. Bei Bedarf mit **Salz** und **Pfeffer** nachwürzen. Dann 15 Minuten ruhen lassen. • Reichlich **Salzwasser** in einem Topf zum Kochen bringen. Die Knödelmasse mit angefeuchteten Händen zu zehn gleich großen Kugeln formen, vorsichtig in das kochende Wasser geben, die Hitze reduzieren und die Knödel 10–15 Minuten nur noch leicht simmern lassen. • **Parmesan** fein reiben und **Nussbutter** in einer kleinen Pfanne erhitzen. • Die Knödel mit einem Schaumlöffel aus dem Wasser heben, gut abtropfen lassen (am besten kurz auf ein Küchentuch oder Küchenpapier legen) und in zwei oder drei tiefe Teller geben. Mit Nussbutter beträufeln, Parmesan darüberstreuen und genießen.

Nährwerte pro Portion: 502 kcal – F 29 g, KH 38 g, B 4 g, EW 20 g

FRIKADELLEN MIT ZITRONEN-BASILIKUM-JOGHURT

Als Basis verwende ich rohe rote Linsen. Zu einer feinen Masse püriert, reagieren sie ähnlich wie Hackfleisch. Das Linsenprotein stockt beim Braten, bildet eine großartige Kruste und hält wunderbar zusammen.

Zubereitungszeit 35 Minuten plus 2 Stunden Einweichzeit

Für 2 Personen

Für die Frikadellen

200 g rote Linsen
1 Schalotte
1 Knoblauchzehe
6 mittelgroße Champignons (insgesamt ca. 150 g)
6 EL Olivenöl
Salz
schwarzer Pfeffer aus der Mühle
1 Dose Kidneybohnen (240 g Abtropfgewicht)
1 TL edelsüßes Paprikapulver
¼–½ TL Cayennepfeffer
1 TL getrockneter Oregano
½–1 EL Tomatenmark

Für den Zitronen-Basilikum-Joghurt

4 Basilikumblätter
100 g Joghurt Natur (3,5 % Fett)
1 TL abgeriebene Biozitronenschale
1 EL Zitronensaft
Salz
schwarzer Pfeffer aus der Mühle

Für die Frikadellen die **Linsen** in eine Schüssel geben, gut mit kaltem Wasser bedecken und 2 Stunden einweichen. • **Schalotte** und **Knoblauchzehe** schälen und grob klein schneiden. **Champignons** mit einem Küchentuch säubern, die Stielenden etwas abschneiden und ebenfalls grob klein schneiden. Alles in einen Multizerkleinerer geben und kurz mixen – die Masse sollte noch etwas stückig und nicht ganz glatt püriert sein. • Eine Pfanne erhitzen, 1 EL **Olivenöl** hineingeben und die Pilzmasse darin langsam anbraten. Mit **Salz** und **Pfeffer** würzen und so lange braten, bis die Masse trocken ist. In eine Schüssel geben. • Die eingeweichten Linsen in ein feines Sieb abgießen, abtropfen lassen, in den Multizerkleinerer geben und auf höchster Stufe mixen, dabei dann nach und nach 20–50 ml Wasser dazugeben, bis eine glatte und möglichst feste Masse entsteht. Zu den Pilzen geben. • **Kidneybohnen** in ein Sieb abgießen, abbrausen und gut abtropfen lassen. Ebenfalls in die Schüssel geben und mit einer Gabel etwas zerdrücken – sie sollten aber auf jeden Fall noch etwas stückig bleiben. **Gewürze** und **Tomatenmark** dazugeben, alles gut durchmischen und mit **Salz** und **Pfeffer** würzen. • Restliches **Olivenöl** in derselben Pfanne erhitzen, die Masse zu kleinen, etwa 1 cm dicken Frikadellen formen und bei mittlerer Hitze von beiden Seiten langsam knusprig ausbacken. Das dauert pro Seite 3–4 Minuten. • Inzwischen für den Zitronen-Basilikum-Joghurt das **Basilikum** abbrausen, grob klein schneiden und mit **Joghurt, Zitronenabrieb** und **Zitronensaft** in einer Schüssel vermischen. Mit **Salz** und **Pfeffer** abschmecken. • Frikadellen auf zwei Teller geben und mit Zitronen-Basilikum-Joghurt genießen.

Nährwerte pro Portion: 771 kcal – F 36 g, KH 71 g, B 27 g, EW 38 g

glutenfrei, frei von raffiniertem Zucker

SPAGHETTI MIT LINSENBOLOGNESE

Diese Bolognese ist eine wundervolle Variante des italienischen Klassikers und lässt keine Wünsche offen. Ich koche einfach die doppelte Menge Sauce und friere den Rest ein. So hat man immer eine gute Sauce auf Vorrat, wenn die Lust auf Pasta kommt.

Zubereitungszeit 30 Minuten plus 15–20 Minuten Garzeit

Für 2 Personen

Für die Bolognese-Sauce

1 kleine Zwiebel
1–2 Knoblauchzehen
1 Karotte
1 Stange Staudensellerie
125 g Champignons
2–3 EL Olivenöl
100 g rote Linsen
1 kleine Dose stückige Tomaten (200 g)
1 Lorbeerblatt
½ TL getrockneter Oregano
½ TL getrockneter Thymian
Salz
schwarzer Pfeffer aus der Mühle
1 TL Sojasauce (nach Belieben)

Für die Pasta

250 g Spaghetti
Salz
10 g Parmesan
1–2 Stängel glatte Petersilie

Für die Bolognese-Sauce die **Zwiebel** schälen und klein würfeln. **Knoblauchzehe(n)** schälen und hacken. **Karotte** schälen und in möglichst kleine Würfel schneiden. Sellerieblätter entfernen, die **Selleriestange** waschen und sehr klein würfeln. • **Champignons** mit einem Küchentuch säubern, die Stielenden etwas abschneiden und im Multizerkleinerer oder mit dem Messer grob hacken. • 2 EL **Olivenöl** in einem Topf erhitzen, Zwiebeln, Knoblauch, Karotten und Sellerie darin bei mittlerer Hitze langsam anbraten. Nach etwa 5 Minuten die Champignons dazugeben und bei Bedarf noch etwas **Olivenöl** (Pilze saugen viel davon auf) hinzugießen. Dann alles so lange braten, bis die Flüssigkeit verdampft und das Gemüse leicht gebräunt ist. • Die **Linsen** in ein Sieb geben, mit kaltem Wasser abbrausen, bis das Wasser fast klar abfließt, kurz abtropfen lassen und zur Gemüsemischung in den Topf geben. **Dosentomaten** hinzufügen, die Dose mit Wasser füllen und die Flüssigkeit ebenfalls einrühren. **Kräuter** dazugeben und mit **Salz** und **Pfeffer** würzen. Nach Belieben die **Sojasauce** hinzufügen (das sorgt noch für extra Tiefe), Deckel auflegen und 10–15 Minuten simmern lassen, bis die Linsen weich sind. Dabei bei Bedarf noch etwas **Flüssigkeit** nachgießen. • Inzwischen für die Pasta reichlich Wasser in einem großen Topf zum Kochen bringen, **salzen** und die **Spaghetti** darin nach Packungsangaben al dente oder nach Geschmack kochen. • **Parmesan** fein reiben. **Petersilie** waschen, trocken schütteln, Blätter abzupfen und klein schneiden. • Die Spaghetti in ein Sieb abgießen, wieder in den Topf geben, die Hälfte der Bolognese-Sauce hinzufügen und durchmischen. Auf zwei tiefe Teller verteilen, die restliche Sauce darübergeben, mit Parmesan bestreuen und mit Petersilie garniert servieren.

Nährwerte pro Portion: 760 kcal – F 15 g, KH 121 g, B 16 g, EW 34 g

TIPP

Die vegetarische Linsenbolognese ist superlecker und das perfekte Gericht, um Fleischesser in die Irre zu führen. Für eine vegane Variante lasse den Parmesan weg. Inzwischen gibt es ganz brauchbare vegane Käsealternativen zu Parmesan, die zwar pur nicht immer ganz überzeugen, aber über der Pasta ein Gewinn sind.

laktosefrei, frei von raffiniertem Zucker

AUBERGINEN-KATSU MIT KRAUTSALAT

Dieses Gericht ist von der japanischen Küche inspiriert. Katsu, das im Japanischen so viel wie „Schnitzel" bedeutet, ist in dieser vegetarischen Variante ein paniertes und knusprig gebratenes Auberginen-Schnitzel, das mit einer ebenfalls von der japanischen Küche inspirierten Sauce serviert wird. Einfach unwiderstehlich lecker!

Zubereitungszeit 50 Minuten

Für 2 Personen

Für das Auberginen-Katsu

1 große Aubergine
Salz
2 Eier (Größe M)
50–100 g Weizenmehl (Type 405)
ca. 100 g Panko (grobe Semmelbrösel)
schwarzer Pfeffer aus der Mühle
200–300 ml Pflanzenöl

Für den Krautsalat

½ Weiß- oder Rotkohl (oder gemischt; 600 g)
2 TL Salz
1–2-cm-Stück Ingwer
1 Knoblauchzehe
200 ml Reis- oder Weißweinessig
2 TL Zucker

Zum Servieren und Garnieren

1 Rezeptmenge gegarter Jasminreis (siehe Seite 160)
1 Frühlingszwiebel

Für die Sauce

1 Knoblauchzehe
1-cm-Stück Ingwer
1 EL Pflanzenöl
2 EL Sojasauce
2 EL Tomatenketchup
1 TL brauner Zucker

Aubergine waschen, putzen, quer in etwa 1 cm dicke Scheiben schneiden, von beiden Seiten leicht **salzen** und auf einem Backblech 20–30 Minuten ziehen lassen. • Inzwischen für den Krautsalat den **Kohl** waschen, in möglichst feine Streifen schneiden oder hobeln, in eine Schüssel geben und mit 1 TL **Salz** gut durchkneten. • **Ingwer** schälen und in feine Scheiben schneiden. **Knoblauchzehe** schälen und mit der Messerklinge andrücken. Ingwer und Knoblauch mit 200 ml Wasser, **Essig, Zucker** und 1 TL **Salz** in einen Topf geben und aufkochen. Dann direkt über den Kohl gießen, vermengen und bis zur Verwendung marinieren. • **Reis** wie im Rezept angegeben garen. • Parallel dazu für die Sauce **Knoblauchzehe** und **Ingwer** schälen und fein reiben. **Öl** in einem kleinen Topf erhitzen. Knoblauch und Ingwer darin anschwitzen, mit 50 ml Wasser ablöschen, **Sojasauce, Ketchup** und **Zucker** hinzufügen und so lange köcheln lassen, bis die Sauce eingedickt ist. • Währenddessen die Auberginen mit Küchenpapier gut trocken tupfen. **Eier, Mehl** und **Panko** getrennt in drei flache Schalen geben. Die Eier leicht mit **Salz** und **Pfeffer** würzen und mit einer Gabel verquirlen. Auberginen zuerst im Mehl wälzen, dann durch die verquirlten Eier ziehen und zum Schluss im Panko wenden, dabei darauf achten, dass sie vollständig mit Panko ummantelt sind. • So viel **Öl** in eine Pfanne gießen, dass die Auberginen darin schwimmen können. Auf mittlerer Stufe erhitzen und die Auberginen portionsweise im heißen Öl von beiden Seiten goldgelb ausbacken. Zum Abtropfen auf Küchenpapier geben. • In der Zwischenzeit die **Frühlingszwiebel** waschen, putzen und schräg in feine Scheiben schneiden. • Den Kohl aus der Marinade heben, mit Reis und Auberginen-Katsu auf zwei Tellern anrichten und mit Frühlingszwiebeln bestreuen. Die Sauce separat dazu servieren.

Nährwerte pro Portion: 805 kcal – F 16 g, KH 131 g, B 7 g, EW 27 g

TIPP

Damit der Reis richtig lecker wird, kannst du etwas von der Kohlmarinade darüberträufeln, sodass er einen süßsauren Geschmack bekommt. Die Auberginen-Schnitzel werden knuspriger, wenn du sie in zwei Durchgängen brätst.

PASTA MIT SCHMORKRAUT

Diese Pasta ist von klassischen österreichischen Krautfleckerln inspiriert, einem Gericht, das aus Nudeln und Weißkohl zubereitet wird. Fleckerl sind dabei eine typisch geformte Nudelsorte. Ein wirklich leckeres, einfaches und sehr günstiges Essen und außerdem perfekt, um eventuelle Kohlreste zu verwerten, die zum Beispiel bei der Zubereitung von Kohlrouladen (siehe Seite 125) anfallen.

Zubereitungszeit 25 Minuten

Für 2 Personen

½ Weißkohl (600 g)
1 Zwiebel
2 TL Zucker
1–2 EL Pflanzenöl
Salz
schwarzer Pfeffer aus der Mühle
1 TL Kümmelsamen
50–100 ml Malzbier (oder Dunkelbier; alternativ Gemüsebrühe)
ca. 500 ml Gemüsebrühe (siehe Seite 160; alternativ gekaufte Gemüsebrühe oder Wasser)
250 g Nudeln (Fleckerl, wenn erhältlich, oder z. B. kurze, gedrehte Bandnudeln)
3–4 Stängel glatte Petersilie

Weißkohl waschen und in möglichst feine Streifen schneiden. **Zwiebel** schälen und in feine Würfel schneiden. • Eine große Pfanne erhitzen, **Zucker** einstreuen und karamellisieren lassen, ohne zu rühren. Wenn der Zucker leicht braun ist, Kohlstreifen und Zwiebeln dazugeben, mit **Pflanzenöl** beträufeln, mit **Salz, Pfeffer** und **Kümmel** würzen und so lange anbraten, bis der Kohl schön Farbe angenommen hat. • Mit **Malzbier** ablöschen. **Brühe** dazugeben, den Deckel aufsetzen und schön einkochen lassen. Wenn die Flüssigkeit verdampft ist und der Kohl noch nicht weich sein sollte, einfach noch mehr **Flüssigkeit** dazugeben und weiterkochen. • Inzwischen die **Nudeln** nach Packungsangaben in gut **gesalzenem** Wasser al dente kochen. • **Petersilie** abbrausen, trocken schütteln und fein schneiden. • Nudeln abgießen und direkt unter das weich geschmorte Kraut mischen. Das Pastagericht auf zwei Teller geben, mit Petersilie garnieren und genießen.

Nährwerte pro Portion: 737 kcal – F 15 g, KH 118 g, B 9 g, EW 25 g

TIPP

Das Rezept ist perfekt, um Kohlreste zu verwerten, die zum Beispiel bei der Zubereitung von Kohlrouladen anfallen. Bei einem ganzen Kohl bleibt sonst fast immer etwas übrig.

vegan, laktosefrei

EINFACH FÜR GÄSTE

Zusammen genießen verbindet und die Momente mit unseren Liebsten sind unbezahlbar. Mit diesen Gerichten kannst du deine Freude an gutem Essen teilen, deinen Gästen etwas Besonderes anbieten und die gemeinsame Zeit begleiten.

PAPRIKA-ANTIPASTI

Diese Art Antipasti kennt wahrscheinlich jeder. Ob als Vorspeise oder einfach als Beilage für den Grillabend – sie passen immer. Wenn du sie zum Beispiel mit etwas Hummus, Baba Ganoush und einem schönen Brot servierst, hast du die perfekte Grundlage für einen gelungenen Abend mit Freunden.

Zubereitungszeit 15 Minuten plus 10–15 Minuten Backzeit und 15 Minuten Ruhezeit

Für 4 Personen (als Vorspeise)

2 rote Paprika
2 gelbe Paprika
1–2 Knoblauchzehen
1 Zweig Rosmarin
2 Zweige Thymian
Salz
schwarzer Pfeffer aus der Mühle
2 EL Olivenöl

TIPP

Wenn meine Freunde zu Besuch kommen und ich diese Antipasti zubereite, backe ich gern noch ein Ciabatta (siehe Seite 156) und nutze für die Antipasti mehr Öl und die doppelte Menge Knoblauch. Das Ciabatta lässt sich dann wunderbar in das warme Knoblauchöl tunken und es schmeckt einfach köstlich! Außerdem lassen sich die Paprika gut abfüllen und sind luftverschlossen sogar lange haltbar.

Die Grillfunktion im Backofen auf höchste Stufe stellen und vorheizen. (Wenn keine Grillfunktion verfügbar ist, den Backofen bei Ober-/Unterhitze auf höchster Stufe vorheizen. Die Paprika dabei möglichst weit oben einschieben. Wer einen separaten Grill hat, kann natürlich diesen verwenden.) • Rote und gelbe **Paprika** waschen, trocken tupfen und auf ein Backblech geben (kein Backpapier verwenden, da es verbrennen würde). **Knoblauchzehe(n)** ungeschält in Alufolie wickeln und dazugeben. In den vorgeheizten Ofen unter den Grill schieben und die Paprika 10–15 Minuten rösten, bis die Haut leicht angebrannt ist und einreißt. Paprika dabei zwischendurch wenden, sodass sie rundum gleichmäßig geröstet werden. • Herausnehmen, Paprika in eine Schüssel geben, mit einem Deckel oder Teller abdecken und 15 Minuten ruhen lassen. • Inzwischen **Rosmarin** und **Thymian** abbrausen, gut trocken tupfen und beiseitestellen. • Paprika vorsichtig schälen und entkernen (aufpassen beim Öffnen der Schoten, da heißer Dampf entweicht), dabei die austretende Flüssigkeit in der Schüssel auffangen. Paprika je nach Größe in Viertel oder Achtel schneiden und auf eine Platte geben. Knoblauchzehe(n) schälen und hinzufügen. Mit **Salz** und **Pfeffer** würzen. • Eine Pfanne erhitzen, **Olivenöl** hineingeben und die Kräuterzweige darin ganz kurz anbraten (10–20 Sekunden reichen). Den Pfanneninhalt über die Paprika gießen – fertig sind die Antipasti!

Nährwerte pro Portion: 104 kcal – F 6 g, KH 12 g, B 1 g, EW 2 g

vegan, laktosefrei, glutenfrei, frei von raffiniertem Zucker

BABA GANOUSH

Baba Ganoush ist eine Paste aus gegrillten Auberginen und Knoblauch, die in der arabischen Küche beheimatet ist. In ähnlicher Form gibt es sie zum Beispiel aber auch in der türkischen Küche. Wie viele andere Rezepte habe ich sie in meiner Zeit als Koch auf privaten Jachten kennen- und lieben gelernt. Sie ist perfekt als Vorspeise zum Dippen mit einem schönen Brot.

Zubereitungszeit 15 Minuten plus ca. 20 Minuten Backzeit und Abkühlzeit

Für 4 Personen (als Vorspeise)

2 Auberginen
2 Knoblauchzehen
Salz
schwarzer Pfeffer aus der Mühle
1 EL Olivenöl plus etwas zum Beträufeln
1–2 TL Tahin (Sesammus)
1 EL Joghurt Natur (3,5 % Fett)
5–10 Minzeblätter

TIPP

Wenn du Auberginen als Ganzes im Ofen backst, stich unbedingt einige kleine Löcher in die Haut, zum Beispiel mit einem Zahnstocher. Dadurch verhinderst du, dass sie eventuell platzen, und dir bleibt eine Riesensauerei erspart. Das gilt übrigens auch für Süßkartoffeln.

Die Grillfunktion im Backofen auf höchste Stufe stellen und vorheizen. (Wenn keine Grillfunktion verfügbar ist, den Backofen bei Ober-/Unterhitze auf höchster Stufe vorheizen. Die Auberginen auf mittlerer Schiene einschieben. Wer einen separaten Grill hat, kann natürlich auch diesen verwenden.) • **Auberginen** waschen, mit einem kleinen Messer einige Löcher in die Haut stechen und auf ein Backblech geben. **Knoblauchzehen** ungeschält in Alufolie wickeln und mit aufs Blech geben. • In den vorgeheizten Ofen unter den Grill schieben und etwa 20 Minuten rösten, bis die Auberginen richtig weich sind, dabei gelegentlich wenden, sodass sie rundum gleichmäßig geröstet werden. Die Schale darf dabei ruhig etwas anbrennen. • Herausnehmen, Auberginen etwas abkühlen lassen, dann längs halbieren, mit einem Löffel das Fruchtfleisch aus der Schale kratzen und in ein Sieb geben, damit überschüssiges Wasser abtropfen kann. Vollständig erkalten lassen, ausgetretene Flüssigkeit entsorgen. • Auberginenfruchtfleisch in ein Mixgefäß geben und mit **Salz** und **Pfeffer** würzen. Den gerösteten Knoblauch schälen und hinzufügen. **Olivenöl, Tahin** und **Joghurt** einrühren und mit dem Stabmixer pürieren. Alternativ mit dem Kartoffelstampfer zerstampfen, wenn man es gern stückig mag. • **Minze** waschen, trocken schütteln, die Blätter klein schneiden und unter das Baba Ganoush mischen. Auf vier Tellern verstreichen und großzügig noch etwas **Olivenöl** darüberträufeln.

Nährwerte pro Portion: 65 kcal – F 3 g, KH 5 g, B 4 g, EW 2 g

glutenfrei, frei von raffiniertem Zucker

PAPRIKA GEFÜLLT MIT QUINOA UND SCHAFSKÄSE AUF TOMATENSAUCE

Superleckeres und gesundes Gericht mit einer Sauce, die dich mit ihren Aromen und ihrer Einfachheit überraschen wird.

Zubereitungszeit 40 Minuten plus 15–20 Minuten Backzeit

Für 4 Personen

Für die Paprika

200 g Quinoa
1 Zwiebel
2 Knoblauchzehen
300 g Kirschtomaten
2 EL Olivenöl plus etwas mehr zum Einfetten und Beträufeln
600 ml Gemüsebrühe (siehe Seite 160; alternativ gekaufte Gemüsebrühe oder Wasser)
Salz
schwarzer Pfeffer aus der Mühle
4 Paprika (Farbe nach Wahl)
20 entsteinte schwarze Oliven (z. B. Kalamata)
5–6 Stängel glatte Petersilie
250 g Schafskäse (z. B. Feta, 45 % Fett)

Für die Tomatensauce

1 EL Olivenöl
1 Stange Zimt
1 Sternanis
½ TL gemahlener Kreuzkümmel (Cumin)
1 Dose gute stückige Tomaten (400 g)
Salz
schwarzer Pfeffer aus der Mühle

Zum Servieren

100 g Joghurt Natur (3,5 % Fett)
4 Minzespitzen

Für die Paprika die **Quinoa** in ein feines Sieb geben, mit heißem Wasser abbrausen und abtropfen lassen. • **Zwiebel** und **Knoblauchzehen** schälen und in feine Würfel schneiden, dabei jeweils die Hälfte von Zwiebeln und Knoblauch für die Sauce beiseitestellen. **Kirschtomaten** waschen und halbieren. • **Olivenöl** in einem Topf erwärmen, Zwiebeln und Knoblauch darin anschwitzen, bis die Zwiebelwürfel glasig sind. Kirschtomaten dazugeben und 1–2 Minuten mit erhitzen. Quinoa hinzugeben, **Brühe** angießen und mit **Salz** und **Pfeffer** würzen. Einmal aufkochen lassen, dann auf niedrige Hitze reduzieren, den Deckel auflegen und die Quinoa 15 Minuten köcheln lassen. Vom Herd nehmen und noch 10 Minuten ziehen lassen. • Inzwischen den Backofen auf 180 °C Umluft vorheizen. • **Paprika** waschen, an den Stielansätzen jeweils „Deckel" abschneiden und die Kerne entfernen. Eventuell die Paprikaspitzen etwas gerade schneiden, damit die Paprika Stand haben. • **Oliven** klein schneiden. **Petersilie** waschen, trocken schütteln und hacken. **Schafskäse** in kleine Stücke bröseln. Oliven und Petersilie zur Quinoa geben, die Hälfte vom Schafskäse hinzufügen und vermengen. Die Paprika mit der Mischung füllen und den restlichen Schafskäse darauf verteilen. • Eine Auflaufform mit etwas **Olivenöl** ausstreichen und die Paprika hineinsetzen. Einen kleinen Spritzer **Olivenöl** auch über die Paprika geben und die „Deckel" erst mal danebenlegen, damit der Schafskäse auch schön braun werden kann. Einen Schuss Wasser in die Form geben und im vorgeheizten Ofen auf der mittleren Schiene 15–20 Minuten backen, bis die Paprika weich sind und der Käse schön gebräunt ist. • In der Zwischenzeit für die Tomatensauce die beiseitegestellten Zwiebel- und Knoblauchwürfel mit dem **Olivenöl** in einen kleinen Topf geben und anschwitzen. Wenn die Zwiebelstücke glasig sind, **Gewürze** hinzugeben und kurz mit erhitzen. **Dosentomaten** einrühren, mit **Salz** und **Pfeffer** würzen und etwa 10 Minuten leicht köcheln lassen. • Die Tomatensauce als Spiegel auf vier Teller geben, je eine Paprika daraufsetzen und die „Deckel" auflegen. Mit einem Klecks **Joghurt** und **Minze** garnieren.

Nährwerte pro Portion: 625 kcal – F 31 g, KH 58 g, B 4 g, EW 25 g

TIPP

Übrig gebliebene Füllung kannst du einfach als Beilage servieren.

glutenfrei, frei von raffiniertem Zucker

FLAMMKUCHEN MIT TOMATENSAUCE, OLIVEN UND ARTISCHOCKEN

Ich liebe Flammkuchen in allen Variationen. Das Schöne ist, dass der Teig keine Hefe braucht, er muss also auch nicht gehen. Deshalb ein Rezept, das man auch mal spontan machen kann. Belegen lassen sich die Flammkuchen ganz nach Herzenslust. Ich habe hier mal eine mediterrane Variante gewählt.

Zubereitungszeit 20 Minuten plus 20–30 Minuten Ruhezeit und 10–14 Minuten Backzeit

Für 2 Personen

Für den Teig

5 g Salz
2 EL Olivenöl
250 g Weizenmehl (Type 550)

Für die Tomatensauce

5 Basilikumblätter
½ Dose passierte Tomaten (200 g)
2 Prisen Salz
1 Prise schwarzer Pfeffer aus der Mühle
1 EL Olivenöl

Für den Belag

25 g Rucola
1 Dose Artischockenherzen (240 g Abtropfgewicht)
130–150 g Feta (45 % Fett)
10–20 entsteinte schwarze Oliven (z. B. Kalamata)
1–2 TL Olivenöl

Außerdem

Pizzastahl oder Pizzastein (alternativ Backblech)
Pizzaschieber (alternativ großes Schneidebrett)

120 ml Wasser, **Salz** und **Olivenöl** in eine Schüssel geben und mit dem Schneebesen verquirlen, sodass sich das Salz auflöst. **Mehl** hinzufügen und mit einem Kochlöffel einarbeiten. • Den Teig auf eine Arbeitsfläche geben und mit den Händen etwa 5 Minuten gut kneten, bis der Teig schön glatt und geschmeidig ist. Zu einer Kugel formen, in Frischhaltefolie wickeln und 20–30 Minuten im Kühlschrank ruhen lassen. • Inzwischen den Backofen auf 250 °C Ober-/Unterhitze vorheizen, dabei den Pizzastahl oder -stein auf der mittleren Schiene platzieren. Alternativ ein Backblech mit in den Ofen geben. • Für die Tomatensauce das **Basilikum** abbrausen, mit den restlichen **Zutaten** in ein Mixgefäß geben und mit dem Stabmixer pürieren. • Für den Belag **Rucola** waschen und trocken schütteln. • Den Teig aus dem Kühlschrank nehmen, halbieren und mit einem Nudelholz zu einem 1 mm dünnen Rechteck (es sollte nicht dicker sein) ausrollen. Auf Backpapier geben, das an den Rändern nicht viel überstehen sollte, damit es im Ofen nicht verbrennt. • Für den Belag **Artischocken** abgießen und kurz abtropfen lassen. Die Hälfte der Tomatensauce dünn auf dem Teig verteilen. 70 g **Feta** darüberbröseln und die Hälfte der Artischocken mit der Hälfte der **Oliven** darauf verteilen. • Den belegten Teig auf Backpapier mithilfe des Pizzaschiebers (oder Schneidebretts) vorsichtig auf den heißen Pizzastahl oder -stein (oder auf das heiße Blech) schieben und 5–7 Minuten backen, bis der Flammkuchen schön knusprig ist. • Inzwischen auf die gleiche Weise den zweiten Flammkuchen vorbereiten. • Aus dem Ofen nehmen, den zweiten Flammkuchen in den Ofen schieben und 5–7 Minuten backen. • Die gebackenen Flammkuchen mit Rucola bestreuen und **Olivenöl** darüberträufeln. In Stücke schneiden, servieren und genießen.

Nährwerte pro Portion: 688 kcal – F 20 g, KH 100 g, B 6 g, EW 27 g

PIZZA BIANCA MIT RICOTTACREME, PILZEN UND KARAMELLISIERTEN ZWIEBELN

Auf die einfachste Pizza bianca kommen Olivenöl, Knoblauch und Rosmarin. Wir machen unsere Pizza bianca mit Ricotta und verschiedenen Käsesorten. Unbedingt ausprobieren!

Zubereitungszeit 60 Minuten plus mind. 12–13 Stunden Ruhezeit und 12–24 Minuten Backzeit

Ergibt 3 Pizzen (à 4 Viertel für 4 Personen)

Für den Teig

4 g frische Hefe
500 g Pizzamehl (Tipo 00; alternativ Weizenmehl (Type 550), dann aber nur 300 ml Wasser verwenden)
10 g Salz
Pflanzenöl zum Einfetten
Semola (Hartweizenmehl) zum Bestäuben (oder Pizzamehl)

Für die Ricottacreme

20–30 g Parmesan
250 g Ricotta (45 % Fett)
1 TL abgeriebene Biozitronenschale
Salz
schwarzer Pfeffer aus der Mühle

Für den Belag

3–4 Champignons
1 EL Olivenöl zum Braten plus einige Tropfen Olivenöl zum Beträufeln
Salz
schwarzer Pfeffer aus der Mühle
2–3 rote Zwiebeln
1 EL Zucker
ca. 4 EL Balsamico-Essig
2 Kugeln Mozzarella (à 125 g)
1–2 Zweige Rosmarin

Außerdem

Pizzastahl oder Pizzastein (alternativ Backblech)
Pizzaschieber (alternativ großes Schneidebrett)

Für den Teig am Vorabend 320 ml Wasser (20–22 °C) in eine Schüssel geben und die **Hefe** darin auflösen. **Mehl** nach und nach dazugeben und mit der Hand einarbeiten. Den Teig mit den Händen etwa 3 Minuten kneten, dann das **Salz** dazugeben und weitere 7 Minuten kneten, bis ein glatter Teig entstanden ist. (Alternativ in der Küchenmaschine verarbeiten: 3 Minuten auf Stufe 1 vermischen, dann das Salz dazugeben und weitere 7 Minuten auf Stufe 2 kneten.) Den Teig zu einer Kugel formen, auf die Arbeitsfläche legen und mit der Schüssel abgedeckt 60 Minuten bei Raumtemperatur gehen lassen. • Den Teig in drei Portionen à etwa 250 g teilen, zu Kugeln formen, mit ausreichend Abstand in eine leicht **eingeölte** Teigwanne oder einen ähnlich großen Behälter geben, mit dem Deckel verschließen und im Kühlschrank (bei 5–6 °C) mindestens 10 Stunden (oder bis zu 24 Stunden) ruhen lassen. • Am nächsten Tag aus dem Kühlschrank nehmen, die Teigkugeln in der Teigwanne 1–2 Stunden Raumtemperatur annehmen lassen. • Inzwischen für die Ricottacreme den **Parmesan** fein in eine Schüssel reiben. **Ricotta** und **Zitronenabrieb** einrühren und mit **Salz** und **Pfeffer** abschmecken. • Für den Belag die **Champignons** mit einem Küchentuch säubern, Stiele etwas abschneiden und in dünne Streifen schneiden. Eine Pfanne erhitzen, 1 EL **Olivenöl** hineingeben, die Pilze darin leicht anbraten und mit **Salz** und **Pfeffer** würzen. Beiseitestellen. • **Zwiebeln** schälen und in feine Streifen schneiden. Eine kleine Pfanne erhitzen, **Zucker** hineinstreuen, bei hoher Hitze schmelzen und goldbraun karamellisieren, ohne zu rühren. Zwiebeln dazugeben, mit **Salz** würzen, 2–3 Minuten anschwitzen, dann mit **Balsamico-Essig** ablöschen und etwas Wasser zugießen. Den Deckel auflegen und so lange köcheln lassen, bis die Zwiebeln weich sind und die Flüssigkeit vollständig eingekocht ist. Bei Bedarf noch etwas Wasser nachgießen. • Den Backofen auf 250 °C Ober-/Unterhitze vorheizen. Falls vorhanden, den Pizzastahl oder -stein mit in den Ofen geben, alternativ ein Backblech. • **Mozzarella** in Stücke reißen und trocken tupfen. **Rosmarin** abbrausen, trocken schütteln und Nadeln abstreifen. • Die Arbeitsfläche mit **Semola** bestreuen und eine Pizzateigkugel zu einem etwa 28 cm großen Kreis ausziehen oder ausrollen. Mit einem Drittel der Ricottacreme bestreichen und jeweils ein Drittel der Pilze, Zwiebeln und Rosmarinnadeln und ein Drittel vom Mozzarella darauf verteilen. Mit einigen Tropfen **Olivenöl** beträufeln, mit dem Pizzaschieber (oder Schneidebrett) in den vorgeheizten Ofen schieben und 4–8 Minuten backen – die Backzeit hängt von der Temperatur ab und davon, ob mit oder ohne Pizzastahl gebacken wird. • Auf die gleiche Weise zwei weitere Pizzen backen, dabei jede Pizza in Viertel schneiden und frisch gebacken genießen.

Nährwerte pro Portion (= ¾ Pizza): 783 kcal – F 27 g, KH 99 g, B 12 g, EW 33 g

PROFI-TRICK

Mit einem Pizzablech oder einer gusseisernen Pfanne bekommst du deine Pizza aus dem Backofen fast genauso knusprig und lecker hin, wie deine Lieblingspizzeria! Ich nutze meistens eine gusseiserne Pfanne. Stelle sie einfach so weit oben wie möglich in den Ofen und erhitze diesen bei Ober-/Unterhitze auf maximaler Temperatur. Die Pfanne wird so heiß, dass sie einem Pizzaofen gleicht. Wenn der Ofen die Maximaltemperatur erreicht, kannst du die Pizza in die Pfanne legen und 2–3 Minuten nur noch auf Unterhitze backen. Du wirst es lieben.

KOHLROULADEN IN TOMATENSUD

Kohlrouladen sind ein beliebter Klassiker, auf den man auch in der vegetarischen Variante – hier sind die Rouladen selbst sogar vegan – nicht verzichten muss. Zugegeben, es ist kein Gericht, was man mal eben nebenbei kocht, aber der Aufwand wird belohnt.

Zubereitungszeit 60 Minuten plus ca. 45 Minuten Backzeit

Für 4 Personen

1 Weißkohl (ca. 1,4 kg)
Salz
100 g Sojagranulat
50 g Langkornreis
1 rote Paprika
150 g Champignons (oder andere Pilze)
1 Zwiebel
2 Knoblauchzehen
3–4 EL Olivenöl
2 TL edelsüßes Paprikapulver
1 TL getrockneter Oregano
1 EL Tomatenmark
schwarzer Pfeffer aus der Mühle
2 EL Pflanzenöl
1 EL Tomatenmark
200 ml Gemüsebrühe (siehe Seite 160; alternativ gekaufte Gemüsebrühe)
250 g Joghurt Natur (3,5 % Fett)

Wasser in einem großen Topf zum Kochen bringen. **Weißkohl** waschen, den Strunk herausschneiden. Das kochende Wasser **salzen** und den ganzen Weißkohl mit der Strunkseite nach oben vorsichtig hineingeben (zum Beispiel mit einer am Strunk eingestochenen Fleischgabel). Vorsicht, denn wenn der Kohl abrutscht, verbrennt man sich schnell! Den Deckel auflegen und 3–5 Minuten köcheln lassen. • Herausnehmen und die äußeren weichen Blätter abnehmen. Bei Bedarf den restlichen Kohlkopf noch mal in das kochende Wasser geben, um mehr Blätter ablösen zu können. Es werden 16 intakte Blätter gebraucht (übriger Kohl siehe Seite 110). • Inzwischen das **Sojagranulat** in eine Schüssel geben, knapp mit kochendem Wasser bedecken und 10 Minuten ziehen lassen. • **Reis** in einen kleinen Topf geben, mit Wasser bedecken, aufkochen, **salzen** und in der Hälfte der Zeit, die auf der Packung angegeben ist, halbgar kochen. In ein Sieb abgießen, mit kaltem Wasser abschrecken und abtropfen lassen. • **Paprika** waschen, entkernen und klein würfeln. **Pilze** mit Küchenpapier säubern, Stielenden dünn abschneiden und klein hacken. **Zwiebel** und **Knoblauchzehen** schälen und sehr klein schneiden. • Eine Pfanne erhitzen, 3 EL **Öl** hineingeben, Paprika, Pilze, Zwiebeln und Knoblauch darin anbraten, bis die Flüssigkeit vollständig verdampft ist. Sojagranulat auspressen, in die Pfanne geben und 1–2 Minuten mitbraten. Bei Bedarf etwas **Öl** nachgießen. **Paprikapulver, Oregano** und **Tomatenmark** dazugeben, mit **Salz** und **Pfeffer** würzen und gut verrühren. Vom Herd nehmen und den Reis untermischen. • Den Backofen auf 180 °C Ober-/Unterhitze vorheizen. Den unteren Teil der dicken Kohlblattrippen v-förmig herausschneiden. Ein Achtel der Füllung (etwa 3 EL) auf ein Blatt geben, an den Seiten leicht einschlagen und aufrollen. Mit der Naht nach unten auf ein zweites Blatt legen, wieder einschlagen und aufrollen (das Binden mit Garn ist nicht nötig). Auf die gleiche Weise sieben weitere Kohlrouladen formen. • Einen Bräter erhitzen, **Pflanzenöl** hineingeben und die Rouladen darin zunächst von der glatten, dann von der Nahtseite gut anbraten. **Tomatenmark** mit **Gemüsebrühe** vermischen und über die Rouladen gießen. Den Deckel auflegen (alternativ mit Alufolie abdecken), in den vorgeheizten Ofen auf die mittlere Schiene geben und etwa 45 Minuten schmoren. • Die Rouladen mit der Sauce auf vier Tellern anrichten, den **Joghurt** darübergeben und genießen.

Nährwerte pro Portion: 351 kcal – F 15 g, KH 30 g, B 7 g, EW 21 g

glutenfrei, frei von raffiniertem Zucker

WÜRZIGES CHILI SIN CARNE

Ich liebe ein gutes Chiligericht. Bei diesem Rezept werden selbst überzeugte Fleischesser überrascht sein. Es lässt sich auch sehr gut am Vortag zubereiten. Sollte etwas übrig bleiben, schmeckt es am nächsten Tag noch mal so gut, aber man kann es auch prima einfrieren.

Zubereitungszeit 25 Minuten plus 15 Minuten Quellzeit und ca. 20 Minuten Garzeit

Für 4 Personen

120 g Sojagranulat
ca. 250 ml heiße Gemüsebrühe (siehe Seite 160; alternativ gekaufte Gemüsebrühe)
1 große Gemüsezwiebel (250 g)
1 rote Paprika
2 Knoblauchzehen
1 rote Chili
2 EL Pflanzenöl
2 TL edelsüßes Paprikapulver
2–3 TL getrockneter Oregano
1 Sternanis
1 TL gemahlener Koriander
1 TL gemahlener Kreuzkümmel (Cumin)
½–1 TL Chilipulver (nach Geschmack)
1 Msp. gemahlener Zimt
1 Dose stückige Tomaten (400 g)
Salz
schwarzer Pfeffer aus der Mühle
1 Dose Kidneybohnen (240 g Abtropfgewicht)
1 kleine Dose Mais (140 g Abtropfgewicht)
3–4 Stängel Koriander
120 g Crème fraîche (30 % Fett) oder Sour Cream (ca. 15 % Fett)

Sojagranulat in eine Schüssel geben, mit der heißen **Brühe** übergießen und 15 Minuten ziehen lassen. • **Zwiebel** schälen und fein würfeln. **Paprika** waschen, entkernen und in kleine Würfel schneiden. **Knoblauchzehen** schälen und hacken. **Chili** waschen und klein schneiden. • Eine Pfanne oder einen Topf erhitzen, **Öl** hineingeben, dann Zwiebeln und Paprika darin 2–3 Minuten langsam anbraten. Knoblauch, Chili und **Gewürze** einrühren und etwa 2 Minuten mit anbraten. • Sojagranulat bei Bedarf etwas auspressen, in den Topf geben und etwa 5 Minuten mitbraten. Die **Dosentomaten** dazugeben, die Dose mit etwas Wasser ausspülen und die Flüssigkeit ebenfalls zugießen. Mit **Salz** und **Pfeffer** würzen und abgedeckt etwa 20 Minuten köcheln lassen. • 5 Minuten vor Garzeitende **Kidneybohnen** und **Mais** in ein Sieb abgießen, abbrausen, zugeben und mit **Salz** und **Pfeffer** abschmecken. • In der Zwischenzeit den **Koriander** abbrausen, trocken schütteln und hacken. • Das Chiligericht in vier Schalen füllen, einen Klecks **Crème fraîche** auf jede Portion geben, mit Koriander garnieren und servieren. Restliche **Crème fraîche** separat dazu reichen.

Nährwerte pro Portion: 383 kcal – F 16 g, KH 32 g, B 19 g, EW 24 g

glutenfrei, frei von raffiniertem Zucker

PIKANT GERÖSTETER BLUMENKOHL MIT HÜTTENKÄSE UND TOMATENDRESSING

Dieses Rezept ist auch für all diejenigen perfekt, die Blumenkohl weniger bevorzugen, denn die Gewürze und Röstaromen machen ihn unwiderstehlich. Die Marinade ist von Harissa, einer nordafrikanischen Gewürzpaste, inspiriert. Zusammen mit dem cremigen Hüttenkäse ergibt das eine wunderbar leckere Kombination.

Zubereitungszeit 30 Minuten

Für 2 Personen

Für den Blumenkohl

1 Blumenkohl (ca. 600 g)
Salz
6 EL Olivenöl
1 TL edelsüßes Paprikapulver
1 TL gemahlener Koriander
1 TL gemahlener Kreuzkümmel (Cumin)
½ TL Knoblauchpulver
¼–½ TL Cayennepfeffer oder Chilipulver
Saft von 1 Zitrone
schwarzer Pfeffer aus der Mühle

Für das Dressing

10 Kirschtomaten (ca. 150 g)
3–4 Stängel Koriander (alternativ glatte Petersilie oder Minze)
1 TL abgeriebene Biozitronenschale
1 EL Zitronensaft
Salz
schwarzer Pfeffer aus der Mühle
5–6 EL Olivenöl

Für die Frischkäsecreme

200 g körniger Frischkäse (Hüttenkäse)
1 EL Joghurt Natur (3,5 % Fett) oder Schmand
Salz
schwarzer Pfeffer aus der Mühle

Den Backofen auf 200 °C Umluft oder 220 °C Ober-/Unterhitze vorheizen. • Reichlich Wasser in einem Topf zum Kochen bringen. **Blumenkohl** putzen, in nicht zu kleine Röschen teilen und waschen. Das kochende Wasser gut **salzen** und den Blumenkohl darin etwa 2 Minuten sprudelnd kochen. • Inzwischen das **Olivenöl** mit **Gewürzen, Zitronensaft,** etwas **Salz** und **Pfeffer** in einer Schüssel zu einer Marinade verrühren. Blumenkohl abgießen, direkt in die Schüssel mit der Marinade geben und gut vermischen. • Ein Backblech mit Backpapier auslegen und den Blumenkohl darauf verteilen, sodass er ausreichend Platz hat. In den vorgeheizten Ofen auf die mittlere Schiene schieben und etwa 15 Minuten rösten. • Währenddessen für das Dressing die **Kirschtomaten** waschen, in Viertel schneiden und in eine Schüssel geben. **Koriander** abbrausen, trocken tupfen, grob klein schneiden und zu den Tomaten geben. **Zitronenabrieb** und **Zitronensaft** zufügen, mit **Salz** und **Pfeffer** würzen und das **Öl** einrühren. • Für die Frischkäsecreme den **Frischkäse** mit **Joghurt,** etwas **Salz** und **Pfeffer** im Multizerkleinerer so lange mixen, bis er schön glatt geworden ist. Dann auf zwei Teller geben und glatt streichen. • Das Blech aus dem Ofen nehmen, den Blumenkohl auf den Tellern anrichten und die Marinadereste vom Backblech darüberträufeln. Zum Schluss das Dressing darübergeben und fertig ist ein Blumenkohlrezept, das du lieben wirst.

Nährwerte pro Portion: 719 kcal – F 60 g, KH 20 g, B 12 g, EW 24 g

glutenfrei, frei von raffiniertem Zucker

PULLED TOFU-PILZ-BURGER MIT COLESLAW

Dieser Burger ist nicht nur optisch ein Hingucker, nein, er überzeugt auch geschmacklich in jeder Hinsicht. Echtes Soulfood und noch dazu ganz einfach. Durch eine ordentliche Portion Protein hält der Burger auch lange satt, ohne schwer im Magen zu liegen.

Zubereitungszeit
25-30 Minuten

Für 2 Personen

Für den Coleslaw

250 g Rotkohl
250 g Weißkohl
1 Karotte
Salz
2-3 EL Mayonnaise
schwarzer Pfeffer aus der Mühle
1 Spritzer Zitronensaft

Für den Pulled Tofu

100 g Austernpilze
200 g Räuchertofu
2 EL Pflanzenöl
½ TL Knoblauchpulver
1 TL gemahlener Koriander
1 TL gemahlener Kreuzkümmel
1 EL brauner Zucker
60 ml Tomatenketchup
1 EL Sojasauce
1 EL vegane Worcestershiresauce
Salz
schwarzer Pfeffer aus der Mühle
1 Spritzer Zitronensaft

Zum Servieren

4 Burgerbrötchen

Für die Sauce

1 EL Senf
1 EL Tomatenketchup
1 EL Mayonnaise

Für den Coleslaw **Rot-** und **Weißkohl** waschen, in möglichst feine Streifen schneiden (am besten mit einer Mandoline) und in eine Schüssel geben. **Karotte** waschen, schälen, grob reiben und zum Kohl geben. Mit etwas **Salz** würzen, mit der Hand gut durchkneten und etwa 10 Minuten ruhen lassen. **Mayonnaise** untermischen und mit **Salz, Pfeffer** und **Zitronensaft** abschmecken. • Inzwischen für den Pulled Tofu die **Austernpilze** säubern und in feine Streifen schneiden. Den **Tofu** mit einem Küchentuch trocken pressen und grob in eine Schüssel raspeln. • Eine Pfanne erhitzen, **Öl** hineingeben, Austernpilze darin etwa 2 Minuten anbraten. Tofu dazugeben und weitere 2-3 Minuten braten. Vom Herd nehmen, **Gewürze** einrühren und wieder auf den Herd stellen. Kurz erhitzen, bis es aromatisch duftet. Dann **Zucker, Ketchup, Sojasauce** und **Worcestershiresauce** hinzufügen, mit **Salz** und **Pfeffer** würzen und 1-2 Minuten weiterköcheln, bis die Masse dick eingekocht ist. Zum Schluss mit **Zitronensaft** abschmecken. • Zum Servieren die **Brötchen** mit den Schnittflächen in eine Pfanne geben und rösten oder im Toaster toasten. • Inzwischen für die Sauce alle **Zutaten** verrühren. • Die Sauce auf die Schnittflächen der Brötchen streichen. Coleslaw und Tofumischung auf die unteren Brötchenhälften geben, die oberen Hälften auflegen - fertig sind richtig leckere Burger! Je zwei Burger auf zwei Teller setzen und genießen.

Nährwerte pro Portion: 1.030 kcal - F 43 g, KH 107 g, B 14 g, EW 37 g

TIPP

Für eine vegane Variante kannst du vegane Mayonnaise nehmen (geschmacklich macht das keinen Unterschied). Die Burger schmecken auch nur mit Tofu gut, wenn man mal keine Pilze zur Hand hat. Ohne Pommes frites als Beilage kann man locker zwei Stück davon verputzen.

GEMÜSE-TEMPURA MIT WÜRZIGEM DIP

Tempura kennt sicher jeder: knusprig frittiertes Gemüse im Teigmantel, das mit einem leckeren Dip serviert wird. Viele scheinen etwas Respekt vorm Frittieren zu haben – aber keine Angst, mit ein paar Tipps geht das ganz einfach. Das Öl nach Gebrauch abkühlen lassen und durch ein feines Sieb gießen, so kann man es mehrmals verwenden. Als Gemüse eignet sich eigentlich alles, was nicht zu viel Wasser enthält.

Zubereitungszeit 25 Minuten

Für 4 Personen (als Vorspeise)

Für den Dip

1-cm-Stück Ingwer
5 EL helle Sojasauce
5 EL Mirin (Reiswein)
4 EL Gemüsebrühe (siehe Seite 160; alternativ gekaufte Gemüsebrühe)

Für das Gemüse

1 Aubergine
1 Zucchini
6 kleine Champignons
1 Paprika (Farbe nach Wahl)

Für den Teig

100 g Weizenmehl (Type 405 oder Type 550) plus etwas zum Bemehlen
100 g Speisestärke
1 TL Backpulver
1 l Öl zum Frittieren (z. B. Raps- oder Sonnenblumenöl)
Salz

Außerdem

Küchenthermometer (alternativ mit Holzkochlöffel testen)

Für den Dip den **Ingwer** schälen, reiben und mit den restlichen **Zutaten** vermischen. • Für das Gemüse **Aubergine** und **Zucchini** waschen, putzen und in 5–10 mm dicke Scheiben schneiden. (Zucchini kann man auch etwas schräg schneiden, so bekommt man größere Stücke und muss nicht ganz so viel frittieren.) • **Pilze** mit Küchenpapier säubern und die Stiele eventuell etwas abschneiden. **Paprika** waschen, entkernen und in Spalten schneiden. • Für den Teig **Mehl, Speisestärke** und **Backpulver** in einer Schüssel vermischen. 230 ml eiskaltes Wasser nach und nach hinzugeben und am besten mit Essstäbchen zu einem relativ dünnen Teig verrühren, bis die Konsistenz in etwa der eines Crêpe-Teigs entspricht. Er muss nicht klumpenfrei sein. Keinen Schneebesen verwenden und nicht zu viel rühren, da sich dann das Gluten entwickelt und der Teig nicht mehr so knusprig wird. • Inzwischen das **Öl** in einen ausreichend hohen, aber schmalen Topf füllen und auf etwa 170 °C erhitzen. Der Topf sollte höchstens bis zur Hälfte mit Öl gefüllt sein, damit es nicht überlaufen kann. Wer kein Küchenthermometer hat, kann einen Holzkochlöffel hineinhalten. Wenn sich Bläschen daran bilden, ist die Temperatur ungefähr richtig. • Das Gemüse portionsweise in Mehl wälzen, gut abklopfen, dann durch den Teig ziehen und vorsichtig in das heiße Öl geben. Wenn die Blasen, die beim Frittieren aufsteigen, kleiner werden und der Teig leicht gebräunt ist, ist das Gemüse fertig. Mit einem Schaumlöffel aus dem Öl heben, auf ein mit Küchenpapier ausgelegtes Gitter legen und sofort mit **Salz** würzen. • Gemüse-Tempura auf vier Teller geben und mit dem Dip servieren.

Nährwerte pro Portion: 265 kcal - F 2 g, KH 53 g, B 4 g, EW 6 g

TIPP

Das Besondere an Tempura ist der Crunch. Deshalb ist es wichtig, dass du das Gemüse in mehreren Durchgängen statt auf einmal frittierst. Lass es ruhig etwas auskühlen und gib es dann wieder ins heiße Öl. Dadurch wird es einfach immer knusprig.

vegan, laktosefrei, frei von raffiniertem Zucker

GESCHMORTER LAUCH, ROSMARIN-KARTOFFELN UND BOHNENPÜREE

Lauch ist ein wunderbares Gemüse, dem viel zu wenig Aufmerksamkeit geschenkt wird. Hier spielt er die Hauptrolle. Geschmort wird er butterweich und aromatisch.

Zubereitungszeit
ca. 60 Minuten

Für 2 Personen

Für den Lauch

2 Lauchstangen
1–2 EL Olivenöl
ca. 100 ml Gemüsebrühe (siehe Seite 160; alternativ gekaufte Gemüsebrühe)
Salz
schwarzer Pfeffer aus der Mühle

Für die Kartoffeln

6–8 mittelgroße festkochende Kartoffeln (500–650 g)
Salz
2 Knoblauchzehen
2 Zweige Rosmarin
1–2 Zweige Thymian
3–4 EL Olivenöl
schwarzer Pfeffer aus der Mühle

Zum Garnieren

30 g Haselnusskerne
2 Stängel Kerbel (oder andere Kräuter nach Wahl)
Olivenöl zum Beträufeln

Für das Püree

1 Zwiebel
1 Knoblauchzehe
1 EL Olivenöl
1 Dose weiße Bohnen (250 g Abtropfgewicht)
2 Zweige Thymian
1 Lorbeerblatt
ca. 100 ml Gemüsebrühe (siehe Seite 160; alternativ gekaufte)
Salz
schwarzer Pfeffer aus der Mühle

Den Backofen auf 180 °C Umluft vorheizen. • Wurzeln und grüne Teile vom **Lauch** abschneiden (sie werden nicht verwendet), dann längs an der ersten Schicht einschneiden, gut waschen und in etwa 5 cm große Stücke schneiden. • Eine ofenfeste Pfanne erhitzen, **Olivenöl** hineingeben und die Lauchstücke bei mittlerer Hitze 3–4 Minuten rundum goldgelb anbraten. Mit so viel **Brühe** ablöschen, dass der Boden bedeckt ist, und mit **Salz** und **Pfeffer** würzen. Den Deckel auflegen (alternativ mit Alufolie abdecken), 1–2 Minuten erhitzen, dann in den vorgeheizten Ofen auf die mittlere Schiene geben und etwa 50 Minuten schmoren. • Inzwischen **Kartoffeln** schälen, grob in gleich große Stücke schneiden, in einen Topf geben, mit kaltem Wasser bedecken, **salzen** und zum Kochen bringen. • Währenddessen **Knoblauchzehen** schälen, halbieren und in einen kleinen Topf oder eine kleine Pfanne geben. **Rosmarin** abbrausen, trocken schütteln und die Nadeln abstreifen. **Thymian** abbrausen, trocken schütteln und im Ganzen mit dem Rosmarin zum Knoblauch geben. **Olivenöl** hinzufügen und kurz erhitzen, um das Öl zu aromatisieren. • Wenn die Kartoffeln einmal aufgekocht sind, in ein Sieb abgießen und abtropfen lassen. Zurück in den Topf geben, das Knoblauch-Kräuter-Öl über die Kartoffeln gießen und mit **Salz** und **Pfeffer** würzen. Durchschwenken, auf ein mit Backpapier ausgelegtes Backblech geben und gut verteilen. In den Ofen über den Lauch schieben und 30 Minuten backen. • Inzwischen zum Garnieren die **Haselnüsse** in einer Pfanne ohne Fett gut anrösten. In ein Küchentuch geben, die Tuchenden zusammendrehen und die Nüsse gut gegeneinanderreiben. So lassen sie sich einfach schälen. Dann grob hacken und beiseitestellen. • Für das Püree **Zwiebel** und **Knoblauchzehe** schälen und klein schneiden. Eine Pfanne erhitzen, **Olivenöl** hineingeben, Zwiebeln und Knoblauch darin glasig anschwitzen. Inzwischen die **Bohnen** in ein Sieb abgießen, abbrausen und abtropfen lassen. **Thymian** abbrausen und trocken schütteln. Bohnen, Thymian und **Lorbeerblatt** in die Pfanne geben, **Brühe** angießen, mit **Salz** und **Pfeffer** würzen und 4–5 Minuten köcheln lassen. Lorbeerblatt und Thymian entfernen, die Bohnen in ein Mixgefäß geben und mit dem Stabmixer pürieren. • **Kerbel** abbrausen, trocken schütteln und die Blätter abzupfen. Bohnenpüree, Kartoffeln und geschmorten Lauch auf zwei Tellern anrichten, mit Nüssen und Kerbel garnieren und mit etwas **Olivenöl** beträufeln.

Nährwerte pro Portion: 784 kcal – F 39 g, KH 76 g, B 22 g, EW 24 g

vegan, laktosefrei, glutenfrei, frei von raffiniertem Zucker

TIPP

Alle Komponenten lassen sich im Voraus zubereiten und können einfach im Ofen aufgewärmt werden. Das Bohnenpüree ist im Kühlschrank 3 Tage haltbar und schmeckt auch sehr gut auf Bruschetta. Das Lauchgrün nicht wegwerfen, sondern anderweitig verwenden, zum Beispiel für Gemüsebrühe (siehe Seite 160).

TIPP

Auberginen haben einen unglaublich hohen Wasseranteil. Das kann zum Problem werden, wenn ein Gericht deswegen zu fad und flüssig wird. Deshalb ein kleiner, aber einfacher Tipp von mir: Bevor die Aubergine der Hitze ausgesetzt wird, diese in etwa 1 cm dicke Scheiben schneiden und von beiden Seiten salzen. Dadurch wird der Aubergine Wasser entzogen.

MOUSSAKA MIT TOMATEN-LINSEN-SAUCE

Moussaka ist ein Klassiker aus Griechenland. Sie ähnelt einer Lasagne, nur dass statt Pasta hier Auberginenscheiben verwendet werden. Zugegeben, das Rezept ist etwas zeitintensiver, aber es lohnt sich auf jeden Fall. Auch am Tag danach schmeckt es fantastisch und lässt sich natürlich auch einfrieren.

Zubereitungszeit 40 Minuten plus ca. 40 Minuten Backzeit

Für 4 Personen

Für das Gemüse

2 Auberginen
Salz
3–4 große festkochende Kartoffeln (insgesamt ca. 500 g)
2 EL Olivenöl
schwarzer Pfeffer aus der Mühle

Für die Tomaten-Linsen-Sauce

2 Zwiebeln
2 Knoblauchzehen
1 EL Olivenöl
2 Dosen passierte Tomaten (à 400 g)
1 gute Msp. gemahlener Zimt
2 Lorbeerblätter
2 Gewürznelken
1 Sternanis
Salz
schwarzer Pfeffer aus der Mühle
2 Dosen gekochte Linsen (à 265 g Abtropfgewicht)

Für die Béchamelsauce

30 g Butter
30 g Weizenmehl (Type 405 oder Type 550)
500 ml Milch (3,5 % Fett)
1 Lorbeerblatt
Salz
schwarzer Pfeffer aus der Mühle
1 Prise frisch geriebene Muskatnuss

Zum Bestreuen

20 g Parmesan
100 g geriebener Gouda (oder Edamer)

Außerdem

Auflaufform (32 × 24 cm)

Den Backofen auf 200 °C Ober-/Unterhitze vorheizen. • Für das Gemüse die **Auberginen** waschen, quer in etwa 5 mm dünne Scheiben schneiden, von beiden Seiten **salzen** und auf einem Backblech etwa 20 Minuten ziehen lassen. • Inzwischen **Kartoffeln** schälen und in etwa 2 mm dünne Scheiben schneiden. Etwas von dem **Olivenöl** in der Auflaufform verstreichen und die Kartoffelscheiben auf dem Boden verteilen. Mit **Salz** und **Pfeffer** würzen und das restliche **Olivenöl** darüberträufeln. Im vorgeheizten Ofen auf der mittleren Schiene etwa 25 Minuten backen, bis die restlichen Zutaten vorbereitet sind. • Für die Tomaten-Linsen-Sauce **Zwiebeln** schälen und in feine Würfel schneiden. **Knoblauchzehen** schälen und fein hacken. **Olivenöl** in einem kleinen Topf erhitzen. Zwiebeln und Knoblauch darin bei mittlerer Hitze glasig anschwitzen. **Tomaten** hinzugeben, die Dose mit 200 ml Wasser ausspülen und die Flüssigkeit zur Sauce geben. **Gewürze** einrühren, mit **Salz** und **Pfeffer** würzen und 5 Minuten leicht köcheln lassen. **Linsen** in ein Sieb abgießen, abbrausen, abtropfen lassen, zum Schluss dazugeben und noch mal mit **Salz** und **Pfeffer** abschmecken. • Für die Béchamelsauce die **Butter** in einem kleinen Topf erhitzen. **Mehl** mit einem Holzlöffel einrühren, dann unter Rühren etwa 1 Minute erhitzen (die Mehlschwitze soll aber keine Farbe annehmen). Dann die **Milch** mit einem Schneebesen nach und nach einrühren. **Lorbeerblatt** zugeben und mit **Salz, Pfeffer** und **Muskatnuss** würzen. Béchamelsauce langsam aufkochen, dabei zwischendurch rühren, damit sie nicht am Topfboden anbackt. Einmal aufkochen, dann bei niedriger Hitze 5 Minuten köcheln lassen. • Währenddessen die Auberginenscheiben abwaschen und mit Küchenpapier trocken tupfen. • Die Auflaufform aus dem Ofen nehmen und die Hälfte der Tomaten-Linsen-Sauce auf den Kartoffeln verteilen, dabei vorher Lorbeerblätter, Nelken und Sternanis entfernen. Dann die Auberginenscheiben daraufschichten und mit der restlichen Tomaten-Linsen-Sauce bedecken. Zum Schluss die Béchamelsauce darauf verteilen (Lorbeerblatt vorher entfernen), den **Parmesan** darüberreiben und mit geriebenem **Käse** bestreuen. • Zurück in den Ofen geben und etwa 40 Minuten schön goldbraun backen.

Nährwerte pro Portion: 643 kcal – F 28 g, KH 66 g, B 10 g, EW 30 g

220°C

EINFACH AUS DEM OFEN

Ofengerichte erleichtern einem das Leben, weil sie sich gut vorbereiten lassen und man in der Zwischenzeit auch noch etwas anderes machen kann – beispielsweise ein klassischer Auflauf für Freunde und Familie, Brötchen, die das Zuhause in einen wunderbaren Duft hüllen, oder Gemüse auf eine andere Art.

GEFÜLLTE SÜSSKARTOFFELN TEX-MEX-STYLE

Süßkartoffeln sind sehr gesund und – richtig zubereitet – auch unglaublich geschmackvoll. Hier mag ich die Mischung aus der pikanten Füllung und der Süße der Kartoffel.

Zubereitungszeit 25 Minuten plus 50–70 Minuten Backzeit

Für 2 Personen

2 möglichst gleich große Biosüßkartoffeln (à 350–400 g)
2 EL Olivenöl
Salz
1 Zwiebel
1 Knoblauchzehe
1 rote Paprika
½ TL gemahlener Kreuzkümmel (Cumin)
1 TL edelsüßes Paprikapulver
½ TL Cayennepfeffer
½ TL getrockneter Oregano
1 gute Msp. gemahlener Zimt
1 Dose Kidneybohnen (265 g Abtropfgewicht)
1 kleine Dose Mais (140 g Abtropfgewicht)
schwarzer Pfeffer aus der Mühle
7–8 Stängel Koriander
80 g geriebener Käse (z. B. Gouda oder Bergkäse)
1–2 EL Limettensaft
100 g Sour Cream (ca. 15 % Fett; alternativ Crème fraîche, 30 % Fett)

Den Backofen auf 180 °C Umluft vorheizen. • **Süßkartoffeln** gut waschen und mit einer Gabel oder einem Messer rundherum einige Löcher hineinstechen. Auf ein mit Backpapier ausgelegtes Backblech geben, mit 1 EL **Öl** einreiben, rundum gut **salzen** und im vorgeheizten Ofen auf der mittleren Schiene je nach Größe 45–60 Minuten backen. • Inzwischen **Zwiebel** und **Knoblauchzehe** schälen und möglichst klein schneiden. **Paprika** waschen, entkernen und in kleine Würfel schneiden. • Eine Pfanne erhitzen, restliches **Öl** hineingeben, dann Zwiebeln, Knoblauch und Paprika darin 4–5 Minuten anbraten. **Gewürze** dazugeben und kurz mit erhitzen. Inzwischen **Bohnen** und **Mais** in ein Sieb abgießen, abbrausen, kurz abtropfen lassen, in die Pfanne geben und mit **Salz** und **Pfeffer** würzen. Alles gut verrühren und vom Herd nehmen. • Süßkartoffeln aus dem Ofen nehmen (den Ofen nicht ausschalten), längs halbieren und die Hälften mit einem Löffel aushöhlen, sodass ein kleiner Fruchtfleischrand bleibt. Das ausgelöste Fruchtfleisch in die Pfanne geben. • **Koriander** waschen, trocken schütteln und grob hacken. 1 EL davon zum Garnieren beiseitestellen, den Rest in die Pfanne geben. 2 EL **Käse** beiseitestellen und den restlichen Käse ebenfalls in die Pfanne geben. Mit **Salz, Pfeffer** und **Limettensaft** abschmecken und alles gut verrühren. • Die Süßkartoffelschalen mit der Pfannenmischung füllen und mit dem aufbewahrten Käse bestreuen. Zurück in den Ofen geben und noch mal 5–10 Minuten backen. • Herausnehmen und die gefüllten Süßkartoffeln auf zwei Teller geben. Einen großen Klecks **Sour Creme** daraufgeben, mit dem beiseitegestellten Koriander garnieren und servieren.

Nährwerte pro Portion: 857 kcal – F 30 g, KH 114 g, B 39 g, EW 32 g

TIPP

Um die Süßkartoffelhälften besser aushöhlen zu können, legst du sie auf ein Küchentuch in deine Handfläche. So hast du mehr Gefühl, sie bewahren beim Aushöhlen ihre Form und gehen nicht versehentlich kaputt.

glutenfrei, frei von raffiniertem Zucker

GLASIERTE KAROTTEN MIT HUMMUS UND MINZJOGHURT

Einfache Dinge können so gut sein, wenn man ihnen etwas Liebe in der Zubereitung schenkt. So auch diese glasierten Karotten.

Zubereitungszeit 30 Minuten plus 30-35 Minuten Backzeit

Für 2 Personen

Für die Karotten

ca. 10 Bundkarotten mit Grün (insgesamt 900 g)
2-3 EL Olivenöl
Salz
schwarzer Pfeffer aus der Mühle
1-2 Knoblauchzehen
2 Zweige Thymian
1 TL Honig
1 EL Balsamico-Essig

Zum Servieren

1 Rezeptmenge Hummus (siehe Seite 69)
3-4 Stängel Minze
150 g Joghurt Natur (3,5 % Fett)
Salz
schwarzer Pfeffer aus der Mühle
1-2 EL Zitronensaft
2 EL Olivenöl zum Beträufeln

Den Backofen auf 180 °C Ober-/Unterhitze vorheizen. • Das Grün von den **Karotten** bis auf etwa 2 cm abschneiden. Karotten schälen und am Stielansatz gut waschen. • Eine ofenfeste Pfanne erhitzen, **Olivenöl** hineingeben und die Karotten darin bei mittlerer Hitze schön langsam rundum 5-8 Minuten braten und karamellisieren lassen. Mit **Salz** und **Pfeffer** würzen. **Knoblauchzehe(n)** schälen, mit einer Messerklinge andrücken und mit in die Pfanne geben. **Thymian** abbrausen, dazugeben und 50 ml Wasser angießen. • Den Deckel auf die Pfanne setzen (alternativ mit Alufolie abdecken), in den vorgeheizten Ofen auf die mittlere Schiene geben und 30-35 Minuten schmoren, bis die Karotten weich sind. • In der Zwischenzeit den **Hummus** zubereiten, wie im Rezept angegeben. • **Minze** waschen, trocken schütteln, Blätter abzupfen und klein schneiden. Mit dem **Joghurt** in eine Schale geben, mischen und mit **Salz, Pfeffer** und **Zitronensaft** abschmecken. • Wenn die Karotten weich sind, die Pfanne zurück auf den Herd stellen, **Honig** und **Essig** über die Karotten geben und bei mittlerer Hitze glasieren. Die Flüssigkeit sollte vollständig eingekocht sein. • Den Hummus auf zwei Tellern glatt verstreichen, die Karotten darauf anrichten und mit dem Minzjoghurt beträufeln. **Olivenöl** darübergeben - fertig ist ein leckeres Gericht.

Nährwerte pro Portion: 620 kcal - F 35 g, KH 50 g, B 0 g, EW 20 g

TIPP

Der geschmorte Knoblauch der Karotten eignet sich perfekt für die Herstellung von frischem Hummus. So hast du nicht nur Arbeit gespart, sondern es schmeckt auch noch besser als mit frischem Knoblauch.

glutenfrei, frei von raffiniertem Zucker

IN MISO GESCHMORTER WEISSKOHL MIT CANNELLINI-BOHNEN

Weißkohl oder Kohl im Allgemeinen erlebt gerade eine Renaissance. Und das ist gut so, denn er schmeckt nicht nur lecker, sondern ist auch noch sehr gesund und günstig obendrein. Dieser geschmorte Kohl ist sehr herzhaft und erinnert vom Geschmack her fast an einen deftigen Eintopf.

Zubereitungszeit 20 Minuten plus ca. 45 Minuten Garzeit

Für 2 Personen

½ Weißkohl (ca. 600 g)
2 EL Pflanzenöl
1 Zwiebel
2 Karotten
1–2 Knoblauchzehen
1 TL Tomatenmark
1 gehäufter EL dunkle Misopaste
Salz
schwarzer Pfeffer aus der Mühle
1 Dose Cannellini-Bohnen oder andere Dosenbohnen (265 g Abtropfgewicht)
1–2 Stängel glatte Petersilie

Den Backofen auf 200 °C Ober-/Unterhitze vorheizen. • **Weißkohl** waschen und in etwa sechs Spalten schneiden, dabei den Strunk nicht entfernen, damit die Blätter zusammenhalten. Eine ausreichend große ofenfeste Pfanne erhitzen und 1 EL **Öl** zugießen. Die Kohlspalten darin von beiden Seiten so lange braten, bis sie schön gebräunt sind, dabei darauf achten, dass sie nicht auseinanderfallen. • In der Zwischenzeit die **Zwiebel** schälen und klein würfeln. **Karotten** schälen und grob in Würfel schneiden. • Weißkohl vorsichtig aus der Pfanne nehmen. Restliches **Öl** hineingeben, Zwiebeln und Karotten darin anbraten. **Knoblauchzehe(n)** schälen und als ganze Zehen dazugeben, wenn die Karottenmischung leicht gebräunt ist. • **Tomatenmark** einrühren und 1–2 Minuten mit anbraten. **Misopaste** in 200 ml Wasser auflösen und in die Pfanne gießen. Den Kohl wieder hineinlegen und mit **Salz** und **Pfeffer** würzen. Den Deckel aufsetzen (alternativ mit Alufolie abdecken), in den vorgeheizten Ofen geben und auf der mittleren Schiene etwa 45 Minuten schmoren. • **Bohnen** abgießen, abbrausen, abtropfen lassen, 10 Minuten vor Garzeitende zum Kohl in die Pfanne geben und den Deckel wieder auflegen. • **Petersilie** waschen, trocken schütteln und die Blätter grob klein schneiden. • Aus dem Ofen nehmen, die Petersilie über den Kohl streuen und aus der Pfanne servieren.

Nährwerte pro Portion: 304 kcal – F 7 g, KH 37 g, B 21 g, EW 16 g

TIPP

Ich esse den geschmorten Weißkohl am liebsten so, wie er ist, ohne Sättigungsbeilage.

vegan, laktosefrei, glutenfrei, frei von raffiniertem Zucker

KARTOFFEL-BROKKOLI-AUFLAUF MIT KÄSE ÜBERBACKEN

Ich liebe Brokkoli in allen Zubereitungsvarianten. Und mit diesem Auflauf sind auch diejenigen happy, die Brokkoli nicht auf der Gemüselieblingsliste haben. Ein herrliches Essen für die ganze Familie!

Zubereitungszeit 30 Minuten plus ca. 45 Minuten Backzeit

Für 4–5 Personen

Für die Béchamelsauce

1 Zwiebel
1 Knoblauchzehe
70 g Butter
70 g Weizenmehl (Type 405 oder Type 550)
1 l Milch (3,5 % Fett)
2 Lorbeerblätter
Salz
schwarzer Pfeffer aus der Mühle
1 Prise frisch geriebene Muskatnuss

Für das Gemüse

Salz
1,5 kg festkochende Kartoffeln
300 g Käse (z. B. Gouda, Edamer)
50 g Parmesan
schwarzer Pfeffer aus der Mühle
2–3 Brokkoli (insgesamt 1 kg)

Außerdem

Auflaufform (32 × 24 cm)

Für die Béchamelsauce **Zwiebel** und **Knoblauchzehe** schälen und klein würfeln. Dann mit der **Butter** in einen Topf geben und 1–2 Minuten andünsten, bis die Zwiebeln glasig sind. • **Mehl** mit einem Kochlöffel einrühren. Dann mit dem Schneebesen unter Rühren nach und nach die **Milch** einarbeiten. **Lorbeerblätter** hinzufügen und mit **Salz, Pfeffer** und **Muskatnuss** würzen. Unter Rühren einmal aufkochen, die Hitze reduzieren und die Sauce nur noch etwa 10 Minuten leicht köcheln lassen, dabei hin und wieder umrühren. • Den Backofen auf 180 °C Umluft vorheizen. • Für das Gemüse reichlich Wasser (für die Kartoffeln) in einem Topf zum Kochen bringen und **salzen.** Inzwischen **Kartoffeln** schälen und in etwa 2 mm dünne Scheiben schneiden oder hobeln. Ins kochende Wasser geben und 2–3 Minuten vorkochen. Eine Kelle Kartoffelwasser in eine große Schüssel füllen. Kartoffeln abgießen und in die Schüssel geben. • **Käse** und **Parmesan** in getrennte Schüsseln reiben. Etwa 100 g Käse und 25 g Parmesan in die Béchamelsauce rühren und auflösen, dabei vorher die Lorbeerblätter entfernen. Etwa ein Drittel der Sauce über die Kartoffeln gießen, mit **Salz** und **Pfeffer** würzen und gut durchmischen. In die Auflaufform füllen und im vorgeheizten Ofen auf der mittleren Schiene 15 Minuten backen. • Währenddessen den **Brokkoli** waschen und die Röschen abschneiden. Den Stiel schälen, in kleine Würfel schneiden und alles in eine Schüssel geben. • Die Hälfte der restlichen Sauce über den Brokkoli gießen und vermischen. Sollte die Sauce schon zu fest sein, kurz auf dem Herd erhitzen, aber nicht mehr kochen. • Die Auflaufform aus dem Ofen nehmen, den Brokkoli auf den Kartoffeln verteilen und die übrige Sauce darübergießen. Mit restlichem Käse und Parmesan bestreuen, wieder in den Ofen geben und nochmals etwa 30 Minuten backen, bis die Oberfläche schön goldbraun ist.

Nährwerte pro Person: 813 kcal – F 40 g, KH 73 g, B 13 g, EW 40 g

TIPP

Wenn du Brokkoli lieber weicher magst, kannst du ihn 1 Minute im Kartoffelwasser blanchieren, dann abgießen, mit kaltem Wasser abschrecken und abtropfen lassen. Dann wie angegeben fortfahren.

IM OFEN GERÖSTETES GEMÜSE MIT KRÄUTERQUARK

Geröstetes Gemüse aus dem Ofen entwickelt einen ganz tollen Geschmack, da es nicht in Kochwasser ausgelaugt wird. Das Schöne daran ist, dass man je nach Jahreszeit variieren kann. So wird es nie langweilig.

Zubereitungszeit 25 Minuten plus 30–35 Minuten Backzeit

Für 2 Personen

Für das Ofengemüse

8 kleine festkochende Kartoffeln (insgesamt ca. 450 g)
2 Karotten
1 Pastinake (200 g)
1 Rote Bete (150 g)
6–8 Brokkoliröschen (ca. 150 g)
1 rote Zwiebel
4 Knoblauchzehen
2 Zweige Rosmarin
2 Zweige Thymian
4–5 EL Olivenöl
Salz
schwarzer Pfeffer aus der Mühle
1 TL Honig
1 EL Balsamico-Essig

Für den Dip

50 g Joghurt Natur (3,5 % Fett)
100 g Quark (20 % Fett; alternativ Sahnequark)
2–3 Stängel glatte Petersilie
2–3 Stängel Minze
Salz
schwarzer Pfeffer aus der Mühle

TIPP

Hierzu schmecken auch Paprika, Blumenkohl und Rosenkohl sehr gut. Zucchini und Auberginen würde ich jedoch weniger empfehlen, da sie wässern und sehr weich werden.

Den Backofen auf 200 °C Umluft oder 220 °C Ober-/Unterhitze vorheizen. • Für das Ofengemüse **Kartoffeln** gut waschen, ungeschält halbieren (wer keine Schale mag, kann sie natürlich auch schälen), in einen Topf geben, mit kaltem Wasser bedecken und zum Kochen bringen. Dann 5 Minuten vorkochen, abgießen und in eine große Schüssel geben. • Inzwischen **Karotten** schälen, längs vierteln und je nach Länge noch mal quer halbieren. **Pastinake** und **Rote Bete** schälen, längs halbieren und in Spalten schneiden. **Brokkoli** waschen. **Zwiebel** schälen (Wurzelansatz nicht entfernen), längs halbieren und so in Spalten schneiden, dass der Wurzelansatz nicht durchtrennt wird und die Spalten zusammenhalten. **Knoblauchzehen** ungeschält nur leicht andrücken. • Alles zu den Kartoffeln in die Schüssel geben. **Rosmarin** und **Thymian** abbrausen, trocken schütteln, grob in Stücke teilen und ebenfalls dazugeben. Mit **Olivenöl** beträufeln, mit **Salz** und **Pfeffer** würzen und gut vermischen. Dabei so viel Olivenöl verwenden, dass das Gemüse mit einem leichten Ölfilm bedeckt ist. • Brokkoliröschen herausnehmen und beiseitestellen. Restliche Gemüsemischung auf einem mit Backpapier ausgelegten Backblech so verteilen, dass die Stücke nicht übereinanderliegen. In den vorgeheizten Ofen auf die mittlere Schiene geben und 30–35 Minuten backen. Nach 10 Minuten Backzeit den Brokkoli mit auf das Blech geben. • 5 Minuten vor Ende der Backzeit das Blech herausnehmen, **Honig** und **Essig** verrühren und das Gemüse damit bestreichen. Zurück in den Ofen geben und fertig backen. • Währenddessen für den Dip **Joghurt** und **Quark** in eine Schüssel geben. **Kräuter** waschen, trocken schütteln, Blätter klein hacken und dazugeben. Mit **Salz** und **Pfeffer** abschmecken. • Das Backblech aus dem Ofen nehmen, das Gemüse mit dem Dip auf zwei Tellern anrichten und genießen.

Nährwerte pro Portion: 540 kcal – F 25 g, KH 59 g, B 16 g, EW 19 g

glutenfrei, frei von raffiniertem Zucker

KARTOFFEL-LAUCH-AUFLAUF

Kartoffeln und Lauch passen einfach wunderbar zusammen und ergeben einen herrlichen Auflauf. Ich mache immer gleich eine größere Menge, da der Auflauf geschmacklich so einfach besser wird. Die Reste schmecken am nächsten und übernächsten Tag ebenso gut – oder friere sie ein, sollten welche übrig bleiben.

Zubereitungszeit 30 Minuten plus 50 Minuten Backzeit

Für 6 Personen

6 Stangen Lauch
(insgesamt 1,8 kg)
2 EL Pflanzenöl
Salz
schwarzer Pfeffer aus der Mühle
1,9 kg festkochende Kartoffeln
400 g Sahne
400 ml Milch (3,5 % Fett)
1 Prise frisch geriebene
Muskatnuss
1 Zweig Rosmarin
Butter zum Einfetten
100 g Comté
(oder z. B. Gouda, Edamer)
20 g Parmesan

Außerdem:
Auflaufform mit Deckel
(24 × 32 cm; siehe Tipp)

Wurzeln und grüne Teile vom **Lauch** abschneiden (sie werden nicht verwendet). Den Lauch am oberen Drittel einschneiden und die äußere Schicht entfernen. Gut waschen und in gleich große, etwa 2 mm dünne Ringe schneiden. • Eine große Pfanne erhitzen, **Pflanzenöl** hineingießen, den Lauch dazugeben, mit **Salz** und **Pfeffer** würzen, abdecken und köcheln lassen, bis der Lauch etwas zusammengefallen ist. Den Deckel abnehmen, den Lauch leicht anbraten und die Pfanne vom Herd nehmen. • Den Backofen auf 180 °C Umluft vorheizen. • **Kartoffeln** schälen und auf einer Mandoline oder einer Vierkantreibe etwa 2 mm dünn hobeln. • **Sahne** und **Milch** in einen Topf geben. Mit **Salz, Pfeffer** und **Muskatnuss** würzen. **Rosmarin** abbrausen, dazugeben und die Mischung unter gelegentlichem Rühren erhitzen. • Inzwischen eine Auflaufform mit **Butter** ausstreichen, die Hälfte der Kartoffeln darin verteilen und mit **Salz** und **Pfeffer** würzen. Den Lauch darübergeben, dann restliche Kartoffeln darauf verteilen und wieder würzen. • Rosmarinzweig aus der heißen Sahne-Milch-Mischung entfernen und über die Kartoffeln gießen. Dann **Comté** und **Parmesan** darüberhobeln. Den Deckel auflegen, in den vorgeheizten Ofen auf die mittlere Schiene schieben und 50 Minuten backen, dabei nach 30 Minuten den Deckel entfernen und zu Ende backen, bis die Oberfläche schön goldbraun ist.

Nährwerte pro Portion: 596 kcal – F 33 g, KH 56 g, B 10 g, EW 18 g

TIPP

Wer keine Auflaufform mit ofenfestem Deckel hat, kann die Form mit Alufolie abdecken. Das Lauchgrün nicht wegwerfen, sondern anderweitig verwenden, zum Beispiel für Gemüsebrühe (siehe Seite 160).

glutenfrei, frei von raffiniertem Zucker

MEDITERRANER NUDELAUFLAUF MIT AUBERGINE UND ZUCCHINI

Jeder liebt einen guten Nudelauflauf! Ich habe eine leckere mediterrane Variante für dich entwickelt.

Zubereitungszeit 30 Minuten plus 25–30 Minuten Backzeit

Für 4 Personen

1 Aubergine
1 Zucchini
4 EL Olivenöl plus etwas zum Einfetten
400 g Pasta nach Wahl (z. B. Spirelli oder Makkaroni)
Salz
1 Zwiebel
2 Knoblauchzehen
schwarzer Pfeffer aus der Mühle
2 Zweige Thymian
1 TL getrockneter Oregano
1 Dose passierte Tomaten (400 g)
3 Kugeln Mozzarella (à 125 g)
40–50 g Parmesan
10–20 g Panko (grobe Semmelbrösel; nach Belieben)

Außerdem:
Auflaufform (ca. 24 × 32 cm)

Reichlich Wasser in einem großen Topf zum Kochen bringen. • Den Backofen auf 200 °C Ober-/Unterhitze vorheizen. • Inzwischen **Aubergine** und **Zucchini** waschen, putzen und dann in etwa 1 cm kleine Würfel schneiden. Eine Pfanne erhitzen, **Olivenöl** hineingeben und das Gemüse darin anbraten. • **Pasta** in das kochende Wasser geben, **salzen** und nach Packungsangaben al dente kochen. • Währenddessen die **Zwiebel** schälen und in feine Würfel schneiden. **Knoblauchzehen** schälen und hacken. Beides mit in die Pfanne geben, mit **Salz** und **Pfeffer** würzen und so lange braten, bis das Gemüse leicht gebräunt ist. • **Thymian** abbrausen, trocken schütteln, Blätter abstreifen und mit **Oregano** und **Tomaten** unter die Gemüsemischung rühren. Mit **Salz** und **Pfeffer** abschmecken und einmal aufkochen. • Eine große Auflaufform mit **Öl** ausstreichen. Die Pasta in ein Sieb abgießen, direkt in die Pfanne geben und vermengen. Zwei Kugeln **Mozzarella** in kleine Stücke reißen und unter die Nudelmischung heben. In die Auflaufform füllen, den restlichen **Mozzarella** in kleine Stücke zerzupfen und darauf verteilen. **Parmesan** reiben und nach Belieben mit dem **Panko** über die Nudelmischung streuen. • In den vorgeheizten Ofen auf die mittlere Schiene geben und 25–30 Minuten backen, bis der Käse goldbraun ist.

Nährwerte pro Portion: 793 kcal – F 33 g, KH 83 g, B 3 g, EW 36 g

TIPP

Im Prinzip kannst du für diesen Auflauf jede beliebige Nudelsorte wählen. Mit Spirelli oder Fusilli schmeckt er jedoch besonders lecker, da sie sich wegen ihrer großen Oberfläche perfekt mit der Sauce verbinden.

LEICHTER KARTOFFEL-KAROTTEN-AUFLAUF

Zu diesem Rezept hat mich meine fünfjährige Tochter inspiriert: Auf die Frage, was sie essen möchte, war das die Antwort. Also habe ich meinen ersten Auflauf dieser Art gemacht. Und was soll ich sagen? Er ist wirklich gut und vergleichsweise leicht, da er ohne Sahne und Käse auskommt. Wer möchte, kann ihn natürlich trotzdem mit etwas Käse überbacken.

Zubereitungszeit 20 Minuten plus 50 Minuten Backzeit

Für 4 Personen

5 große Karotten (insgesamt ca. 600 g)
1 kg festkochende Kartoffeln (am besten große)
2 Zweige Thymian
2 Knoblauchzehen
750 ml Gemüsebrühe (siehe Seite 160; alternativ gekaufte Gemüsebrühe)
Salz
schwarzer Pfeffer aus der Mühle
30 g Butter plus etwas weiche Butter zum Einfetten

Außerdem:
Auflaufform mit Deckel (24 × 32 cm; siehe Tipp)

Karotten schälen und schräg in 2–3 mm dünne Scheiben schneiden. **Kartoffeln** schälen und am besten mit einem Hobel in ebenso dünne Scheiben schneiden. • Den Backofen auf 200 °C Ober-/Unterhitze vorheizen. • **Thymian** abbrausen. **Knoblauchzehen** schälen und mit einer Messerklinge andrücken. Beides mit der **Brühe** in einen Topf geben, aufkochen und gut mit **Salz** und **Pfeffer** abschmecken. • Die Auflaufform mit etwas weicher **Butter** einfetten. Zuerst die Hälfte der Kartoffeln einschichten und mit **Salz** und **Pfeffer** würzen. Dann die Karotten daraufschichten und ebenfalls würzen. Zum Schluss restliche Kartoffeln darübergeben und wieder würzen. • Knoblauch und Thymian aus der heißen Brühe entfernen. Dann so viel Brühe über das Gemüse gießen, dass sie zwar sichtbar ist, die Kartoffeln aber nicht darin schwimmen, sie sollten nicht bedeckt sein. Die **Butter** in Flocken auf dem Auflauf verteilen, den Deckel auflegen, in den vorgeheizten Ofen auf die mittlere Schiene schieben und 50 Minuten backen, dabei nach 30 Minuten den Deckel entfernen und zu Ende backen, bis die Kartoffeln schön goldbraun sind.

Nährwerte pro Portion: 364 kcal – F 11 g, KH 54 g, B 5 g, EW 10 g

TIPP

Wenn du dieses Gericht etwas aufpimpen möchtest, streue einfach etwas Parmesan darüber – es schmeckt so gut! Falls du keine Auflaufform mit ofenfestem Deckel hast, kannst du die Form auch mit Alufolie abdecken.

glutenfrei, frei von raffiniertem Zucker

CIABATTA-BRÖTCHEN OHNE KNETEN

Durch die lange Reifezeit über Nacht entwickelt der Teig viel Geschmack, die Brötchen werden bekömmlicher und bleiben länger frisch. Statt zu kneten wird hier gedehnt und gefaltet.

Zubereitungszeit 15 Minuten plus mind. 12 Stunden Ruhezeit und 20 Minuten Backzeit

Ergibt 8 Ciabatta-Brötchen oder 2 Ciabatta-Brote

370 ml Wasser (22–25 °C)
5 g frische Hefe
(oder 2 g Trockenhefe)
1 TL Honig
(alternativ 10 g Zucker)
500 g Dinkelmehl Type 630 plus etwas zum Bestäuben
10 g Salz
10 ml Olivenöl

Außerdem:
Pizzastahl oder Pizzastein
(falls vorhanden)

TIPP

Aus dem gleichen Teig lassen sich auch zwei Ciabatta-Brote formen. Die Backzeit ist dann 5 Minuten länger. Wie das Falten und Dehnen und die Coil-Fold-Methode funktionieren, zeige ich dir Schritt für Schritt in diesem Video:

Wasser, Hefe und **Honig** in einer Schüssel mit einem Schneebesen verrühren. **Mehl** und **Salz** hinzufügen und mit dem Kochlöffel so lange rühren, bis das Mehl klumpenfrei gebunden ist. Eine (idealerweise quadratische) Vorratsbox mit dem **Olivenöl** ausstreichen, den Teig hineingeben, verschließen und 90 Minuten bei Raumtemperatur gehen lassen, wobei der Teig in dieser Zeit insgesamt dreimal im 30-Minuten-Abstand gedehnt und gefaltet wird. • Nach 30 Minuten den Teig zum ersten Mal dehnen und falten. Dafür die Hände mit kaltem Wasser anfeuchten, den Teig in der Box an einer Kante greifen, nach oben ziehen, bis es nicht weitergeht, und über die Teigmasse legen. Die Box um 90 Grad drehen, die nächste Kante greifen, nach oben ziehen und über die Teigmasse legen. Auf die gleiche Weise von den zwei anderen Kanten dehnen und falten. Die Box verschließen und weitere 30 Minuten bei Raumtemperatur gehen lassen. • Dann den Teig noch zweimal mit der Coil-Fold-Methode schonend falten. Dafür die Hände mit kaltem Wasser anfeuchten, mit Fingern von beiden Seiten etwa mittig unter den Teig greifen, nach oben ziehen und so legen, dass der Rand nach unten eingefaltet wird bzw. sich einrollt. Mit der gegenüberliegenden Seite fortfahren und so alle vier Seiten falten. Verschließen, wieder 30 Minuten gehen lassen und erneut dehnen und falten. Die Box wieder verschließen und mindestens 10 Stunden (oder bis zu 20 Stunden) in den Kühlschrank (5–6 °C) stellen. • Am nächsten Tag die Arbeitsfläche **bemehlen,** die Box aus dem Kühlschrank nehmen, den Teig mit etwas **Mehl** bestäuben und schonend auf die Arbeitsfläche stürzen. Den Teig dann an zwei gegenüberliegenden Seiten jeweils mit beiden Händen ziehen und zur Mitte falten, dann mit etwas **Mehl** bestäuben und mit einer **bemehlten** Teigkarte in acht gleich große Stücke teilen. Die Teiglinge auf Backpapier legen, mit einem Küchentuch abdecken und 30 Minuten bei Raumtemperatur gehen lassen. • Inzwischen den Backofen auf 250 °C Ober-/Unterhitze vorheizen, dabei ein Blech auf der untersten Schiene platzieren. Falls vorhanden, einen Pizzastahl oder -stein auf mittlerer Schiene mit vorheizen (falls nicht, die Teiglinge gleich auf einem Backblech gehen lassen). • Die Teiglinge mit dem Backpapier auf den Pizzastahl oder -stein in den vorgeheizten Ofen ziehen (oder das Backblech hineinschieben). 50 ml Wasser in das vorgeheizte Blech geben, damit Dampf entsteht, und schnell die Ofentür schließen. 20 Minuten goldbraun backen, dabei nach 10 Minuten einmal die Tür öffnen, damit der Dampf entweichen kann. • Herausnehmen und die Ciabatta-Brötchen vollständig abkühlen lassen.

Nährwerte pro Stück: 232 kcal – F 2 g, KH 44 g, B 2 g, EW 8 g

laktosefrei, frei von raffiniertem Zucker

Gemüsebrühe
Knoblauch-Confit
Gegarter Reis
Geklärte Butter
Nussbutter

KNOBLAUCH-CONFIT

Beim Confieren werden Lebensmittel langsam bei niedriger Temperatur vollständig mit Fett bedeckt gegart, sodass sie lange haltbar sind. Knoblauch-Confit mache ich allerdings, weil der Geschmack deutlich gehoben wird. Der Knoblauch wird mild und leicht süßlich. Außerdem hat man dann immer geschälten Knoblauch auf Vorrat.

Zubereitungszeit 15 Minuten plus 20–25 Minuten Garzeit

Ergibt 1 Glas (ca. 350 ml)

1 Zweig Rosmarin
2–3 Zweige Thymian
2 Knollen Knoblauch (oder nach Belieben mehr)
so viel Olivenöl, bis der Knoblauch bedeckt ist

Außerdem:
1 Schraubglas (ca. 350 ml)
Küchenthermometer (falls vorhanden)

Das Schraubglas und den Deckel mit kochendem Wasser ausspülen und mit der Öffnung nach unten abtropfen lassen. • **Rosmarin** und **Thymian** abbrausen und sehr gut trocken tupfen. • **Knoblauch** schälen, die Zehen in einen kleinen Topf geben und so viel **Olivenöl** darübergießen, bis alle Zehen bedeckt sind – also einen möglichst kleinen Topf nehmen, damit nicht Unmengen an Öl gebraucht werden. • Den Topfinhalt einmal heiß werden lassen, dann auf kleinste Stufe reduzieren und langsam bei etwa 90 °C (das Öl darf noch nicht sprudeln) 20–25 Minuten ziehen lassen, bis der Knoblauch butterweich ist. Dafür mit einer Gabel bei einer Zehe testen, ob sie sich leicht durchstechen lässt. • Zum Schluss Rosmarin und Thymian hinzufügen und noch mal auf 120 °C erhitzen (das Öl brodelt jetzt). Dann den Topf sofort vom Herd nehmen, die Kräuter entfernen und die Knoblauchzehen mit dem Öl in das Schraubglas füllen. Verschließen, abkühlen lassen und im Kühlschrank aufbewahren.

Nährwerte pro 100 ml: 17 kcal – F 0 g, KH 3 g, B 0 g, EW 1 g

HINWEIS Die confierten Knoblauchzehen kannst du kalt und ohne erneutes Erhitzen 1 Woche verzehren. Zum Kochen kannst du den Knoblauch ohne Probleme mehrere Monate verwenden.

TIPP

Knoblauch-Confit ist großartig für Dips, Zaziki, Hummus (siehe Seite 69), Pesto alle trapanese (siehe Seite 27) oder als Aufstrich für ein geröstetes Knoblauchbrot. Zum Kochen sind die confierten Zehen für jedes Gericht geeignet, für das du rohen Knoblauch verwenden würdest, zum Beispiel gefüllte Champignons (siehe Seite 78). Das aromatische Knoblauchöl kann zum Kochen verwendet werden.

PROFI-TRICK

Der Knoblauch lässt sich superleicht schälen, wenn man mit der flachen Messerseite auf die Zehe kurz und fest draufdrückt, bis die Zehe ein bisschen nachgibt. Die Haut platzt dabei auf und löst sich. Dann die Enden abschneiden. So fällt die Schale der Knoblauchzehe fast von allein ab oder lässt sich im Ganzen abziehen.

vegan, laktosefrei, glutenfrei, frei von raffiniertem Zucker

GEMÜSEBRÜHE

Zubereitungszeit 20 Minuten plus 1 ½–2 Stunden Garzeit

Ergibt ca. 1 l

100 g Staudensellerie
100 g Knollensellerie
2 Zwiebeln
2 Karotten
2 Knoblauchzehen
½ Fenchelknolle
100 g Lauch
1 Tomate
1 EL Olivenöl
½ TL Salz
4–5 Stängel Petersilie
2 Scheiben Ingwer
2 Lorbeerblätter
1 TL Koriandersamen
½ TL schwarze Pfefferkörner
3 Wacholderbeeren
3–5 Pimentkörner

Außerdem:
Schraubgläser

Eine gute Gemüsebrühe ist die Basis für viele Gerichte. Sie lässt sich sehr gut auf Vorrat kochen und einfrieren und übertrifft geschmacklich jedes gekaufte Produkt. Du kannst die Gemüsemischung variieren und Reste sowie nicht mehr ganz so Frisches verarbeiten.

Gemüse waschen, eventuell schälen und 1 cm klein würfeln. • **Olivenöl** in einem großen Topf erhitzen und das Gemüse bis auf Lauch und Tomate 3–4 Minuten auf mittlerer Stufe anschwitzen, ohne zu bräunen. • Dann Lauch, Tomate und **Salz** dazugeben und 2 l kaltes Wasser angießen, bis alles gut bedeckt ist. Restliche **Zutaten** hinzufügen und einmal aufkochen lassen. Die Hitze reduzieren und abgedeckt 1 ½–2 Stunden auf kleiner Stufe ziehen lassen. • Ein Sieb mit einem Küchentuch auslegen, auf eine Schüssel setzen, die Gemüsemischung hineingeben und die Brühe in die Schüssel abfließen lassen. Sofort kochend heiß in Schraubgläser füllen, verschließen und abkühlen lassen. Die Siebrückstände entsorgen.

Nährwerte pro 100 ml: 49 kcal – F 2 g, KH 4 g, B 2 g, EW 1 g

vegan, laktosefrei, glutenfrei, frei von raffiniertem Zucker

TIPP

Kocht man die Gläser vorher aus und füllt die Brühe kochend heiß ein, hält sie im Kühlschrank mindestens 2 Monate.

GEGARTER REIS

Zubereitungszeit 5 Minuten plus 15–20 Minuten Garzeit

Für 2 Personen (als Beilage)

120 g Reis (z. B. Jasminreis oder Basmatireis)
¼ TL Salz

Es gibt verschiedene Arten, Reis zu kochen. Ich bevorzuge die Quellmethode, bei der nur so viel Wasser verwendet wird, wie der Reis aufnehmen kann. So bleibt der volle Geschmack erhalten. Pro Person rechne ich als Beilage etwa 60 g und als Hauptgericht 100–120 g ungekochten Reis.

Reis in ein Sieb geben, mit kaltem Wasser abbrausen, bis das Wasser fast klar abfließt, und abtropfen lassen. In einen kleinen Topf geben, 210 ml Wasser zugießen und zum Kochen bringen. **Salz** zufügen, die Hitze auf die niedrigste Stufe reduzieren, den Deckel auflegen und jetzt nur noch ziehen lassen, bis die Flüssigkeit vom Reis vollständig aufgenommen wurde. Das dauert 15–20 Minuten. Den Reis mit einer Gabel auflockern und servieren.

Nährwerte pro Portion: 211 kcal – F 4 g, KH 47 g, B 0 g, EW 4 g

vegan, laktosefrei, glutenfrei, frei von raffiniertem Zucker

TIPP

Grundregel: Reis wird mit der anderthalbfachen Volumenmenge Wasser gekocht. Auf eine Tasse Reis kommen also anderthalb Tassen Wasser.

GEKLÄRTE BUTTER

Zubereitungszeit 5 Minuten plus 10–15 Minuten Garzeit

Ergibt ca. 220 g

250 g Butter

Außerdem:
1 Schraubglas (ca. 250 ml)

Geklärte Butter, Butterschmalz und indisches Ghee sind ein und dasselbe. Butter enthält etwa 16 Prozent Wasser sowie Milchzucker und Eiweiße. Beim Klären der Butter werden ihr Wasser, Milchzucker und Proteine entzogen, sodass reines Milchfett übrig bleibt, das sich ausgezeichnet zum Braten eignet und nicht mehr anbrennt.

Butter in einem kleinen Topf langsam zum Köcheln bringen. Wenn sie kocht, die Hitze reduzieren und 10–15 Minuten nur leicht köcheln lassen, bis das Wasser vollständig verdampft ist. Die aufsteigenden Bläschen werden dabei immer kleiner. Anfangs wird sich auf der Oberfläche weißer Schaum bilden, der sich langsam absetzt. Dann muss man aufpassen, dass die Butter nicht anbrennt.

Nährwerte pro 100 g: 842 kcal – F 95 g, KH 1 g, B 0 g, EW 1 g

laktosefrei, glutenfrei, frei von raffiniertem Zucker

TIPP

Geklärte Butter hält sich mehrere Monate im Kühlschrank. Damit kann man so ziemlich alles anbraten, wofür man sonst Öl verwenden würde.

PROFI-TRICK

Einlagiges Küchenpapier eignet sich hervorragend, um Butter noch besser zu filtern. Es geht ganz leicht: Das Küchenpapier so auseinanderziehen, dass es einlagig ist, und in ein feines Metallsieb legen. Am besten platzierst du es so, dass die flüssige Butter beim Hinzugeben in ein Gefäß fließt.

NUSSBUTTER

Zubereitungszeit 5 Minuten plus 10–15 Minuten Garzeit

Ergibt ca. 220 g

250 g Butter

Außerdem:
1 Schraubglas (ca. 250 ml)

Nussbutter, auch braune Butter genannt, duftet und schmeckt leicht karamellig und nussig, weil man den Milchzucker etwas braun werden lässt.

Butter in einem kleinen Topf langsam zerlassen und so lange köcheln lassen, bis die Feststoffe am Topfboden leicht gebräunt sind. Das dauert 10–15 Minuten, dabei aufpassen, dass die Butter nicht zu braun wird, also nicht anbrennen lassen. • Ein Stück Küchenpapier so auseinanderziehen, dass es einlagig ist. Eine Lage in ein feines Metallsieb legen und das Sieb auf einer Schüssel platzieren. Die flüssige Nussbutter hineingießen, in die Schüssel fließen lassen, sofort in das Schraubglas füllen, abkühlen lassen und verschließen.

Nährwerte pro 100 g: 842 kcal – F 95 g, KH 1 g, B 0 g, EW 1 g

glutenfrei, frei von raffiniertem Zucker

TIPP

Nussbutter hält sich mehrere Monate im Kühlschrank. Sie passt wunderbar zu Knödelspeisen (siehe Seite 102), Pastagerichten (siehe Seite 27 und Seite 36) und Gnocchi (siehe Seite 11). Gemüse, das in Nussbutter gebraten wurde, bekommt einen besonderen Geschmack. Auch zum Backen ist Nussbutter großartig. Ich verwende sie beispielsweise sehr gern in Pfannkuchen.

NACHSCHLAG

WWW.MENGENRECHNER.DE – UNSER KOSTENLOSER VERLAGSSERVICE

Der Einkaufs- und Ernährungs-assistent für unsere Kochbücher

Abschreiben oder Abfotografieren war gestern Rezepte aus unseren Kochbüchern kannst du kostenlos auf www.mengenrechner.de an die Personenzahl und individuelle Portionsgrößen anpassen und als E-Mail auf dein Smartphone schicken lassen oder gleich dort aufrufen. Zutaten können gestrichen, neue Zutaten ergänzt werden.

Rezept- und Zutatenfilter Suche zum Beispiel nach veganen, vegetarischen, glutenfreien, laktosefreien Rezepten oder nach Gerichten mit Zutaten, die du noch vorrätig hast. Speichere deine Lieblingsrezepte und Einkaufslisten.

Persönlicher Ernährungsassistent Sortiere Rezepte nach Kalorien, Kohlenhydraten, Fett- oder Eiweißgehalt. Berechne wissenschaftlich deinen täglichen Kalorienbedarf und -verbrauch. Lege Maximalwerte für Kalorien- oder Kohlenhydrataufnahme fest. Führe Tagesprotokolle mit Nährwertbilanz.

ZUTATEN- UND REZEPTREGISTER

Du suchst ein ganz bestimmtes Gericht oder nach einer Zubereitungsidee für vorrätige Zutaten? Das Register hilft dir schnell weiter: Alle Rezepte aus diesem Buch und die wichtigsten Komponenten sind hier alphabetisch gelistet.

Q

R

S

IMPRESSUM

Originalausgabe
Becker Joest Volk Verlag GmbH & Co. KG
Bahnhofsallee 5, 40721 Hilden, Deutschland

1. Auflage Februar 2024

ISBN 978-3-95453-287-2

www.mengenrechner.de – Unser kostenloser Verlagsservice

Ausführliche Infos
Seite 162

Autor Thomas Dippel
Food-Fotografie Hubertus Schüler
Foodstyling Stefan Mungenast
Foto-Assistenz Benedikt Obermeier
Covergestaltung Anne Krause
Leitung Grafik, People-Fotografie Justyna Schwertner
Projektleitung Valerie Mayer
Layout, Buchgestaltung, Buchsatz Caroline Mohr
Bildbearbeitung Markus Neis
Fachlektorat Rezepte Şebnem Yavuz
Lektorat Doreen Köstler
Druck Mohn Media Mohndruck GmbH

BECKER JOEST VOLK VERLAG
www.bjvv.de

Verlagsdank Wir bedanken uns ganz herzlich bei Thomas Dippel für dieses Buch, insbesondere für die großartigen Rezepte, die allerhöchsten Genuss versprechen. Was du mit simpelsten Tricks und Tipps auf den Teller zauberst, ist wirklich genial, oft überraschend und macht selbst beliebte Klassiker zu einer kulinarischen Neuerfahrung, die uns beim Nachkochen im Verlag nachhaltig beeindruckt hat.

Christine Kluge, ganz lieben Dank dafür, dass dieses Projekt überhaupt so zustande kommen konnte, und herzlichen Dank für die Unterstützung im Hintergrund. Hubertus Schüler, Stefan Mungenast und Benedikt Obermeier, danke für die herrlichen Food-Fotos, die einem das Wasser im Mund zusammenlaufen lassen. Justyna Schwertner, ganz herzlichen Dank für die schönen Autorenporträts. Vielen Dank an Şebnem Yavuz für das Rezeptlektorat und an Doreen Köstler für das Schlusslektorat.

Der Verlag dankt allen weiteren Beteiligten, die durch ihre Mithilfe und Unterstützung zum Gelingen dieses Buches beigetragen haben. Für ihre unermüdlichen Bemühungen um die außerordentliche Qualität danken wir unseren Mitarbeiterinnen und Mitarbeitern Caroline Mohr, Valerie Mayer, Lena Vaßen, Markus Neis, Annika Steinacker und Katerina Stegemann.